A Cláusula *Shotgun* (*Buy or Sell*) em Acordos de Acionistas

A Cláusula *Shotgun* (*Buy or Sell*) em Acordos de Acionistas

2020

Gabriela Alves Mendes Blanchet

A CLÁUSULA *SHOTGUN* (*BUY OR SELL*) EM ACORDOS DE ACIONISTAS
© Almedina, 2020
AUTOR: Gabriela Alves Mendes Blanchet

DIRETOR ALMEDINA BRASIL: Rodrigo Mentz
EDITORA JURÍDICA: Manuella Santos de Castro
EDITOR DE DESENVOLVIMENTO: Aurélio Cesar Nogueira
ASSISTENTES EDITORIAIS: Isabela Leite e Larissa Nogueira

PREPARAÇÃO E REVISÃO: Hugo de Carvalho Maciel (ReviseReveja) e Lyvia Felix
DIAGRAMAÇÃO: Almedina
DESIGN DE CAPA: Roberta Bassanetto

ISBN: 9786556271439
Dezembro, 2020

Dados Internacionais de Catalogação na Publicação (CIP)
(Câmara Brasileira do Livro, SP, Brasil)

Blanchet, Gabriela Alves Mendes
A cláusula shotgun (buy or sell) em acordos de acionistas / Gabriela Alves Mendes Blanchet. -- 1. ed. -- São Paulo : Almedina, 2020.

Bibliografia
ISBN 978-65-5627-143-9

1. Ações (Finanças) 2. Acordo de acionistas 3. Direito financeiro 4. Investimentos 5. Mercado de capitais - Leis e legislação 6. Sociedade anônima - Capital aberto I. Título.

20-48020   CDD-34:336.764(81)

Índices para catálogo sistemático:

1. Acionistas investidores : Direitos : Mercado de capitais : Brasil : Direito financeiro 34:336.764(81)

Aline Graziele Benitez - Bibliotecária - CRB-1/3129

Este livro segue as regras do novo Acordo Ortográfico da Língua Portuguesa (1990).

Todos os direitos reservados. Nenhuma parte deste livro, protegido por copyright, pode ser reproduzida, armazenada ou transmitida de alguma forma ou por algum meio, seja eletrônico ou mecânico, inclusive fotocópia, gravação ou qualquer sistema de armazenagem de informações, sem a permissão expressa e por escrito da editora.

EDITORA: Almedina Brasil
Rua José Maria Lisboa, 860, Conj.131 e 132, Jardim Paulista | 01423-001 São Paulo | Brasil
editora@almedina.com.br
www.almedina.com.br

Aos meus filhos: Raphael e Isabelle.

AGRADECIMENTOS

Gostaria de agradecer à professora Lie Uema do Carmo, pelo tempo dispendido na orientação para a execução do presente livro e pela valiosa contribuição que fez toda a diferença no resultado final.

Gostaria também de agradecer ao professor Mario Engler Pinto Junior pelas valiosas contribuições e por sempre acreditar no tema escolhido.

Por fim, agradeço imensamente à minha família: meus pais, João Francisco e Luisa; minhas irmãs, Carolina e Joana; ao Richard, meu companheiro de jornada e debates jurídicos, pelo apoio incondicional; e aos meus filhos, Raphael e Isabelle, por compreenderem os momentos em que me fiz ausente para que pudesse me dedicar ao presente livro. Muito obrigada!

APRESENTAÇÃO

A vida na universidade é repleta de experiências e memórias especiais. Algumas vezes, a boa sorte traz-nos a oportunidade de conhecer e acompanhar a trajetória acadêmica de alunos de qualidades únicas. Esse é o caso de Gabriela Alves Mendes Blanchet, que ora coroa sua jornada acadêmica com a publicação de sua dissertação de mestrado.

Conheci Gabriela em 2016, como aluna da disciplina de M&A no Mestrado Profissional da FGV DIREITO SP. Gabriela já era, à época, profissional reconhecida em Direito Societário e em M&A. Sua participação em sala de aula enriquecia os debates sobre tópicos de prática profissional de M&A que até hoje desafiam a doutrina e os tribunais brasileiros, como *sandbagging*, MAC/MAE, disputas sobre preço de aquisição e indenização.

Gabriela encaixava-se no arquétipo da aluna que havíamos idealizado para o Mestrado Profissional: formação jurídica sólida, prática profissional ética, sofisticada e internacional e capacidade demonstrada de ser uma *lifelong learner*. Munida de tais qualidades, abraçou os rigores da vida acadêmica e examinou um tema árduo, tratado de modo rarefeito na literatura jurídica, a cláusula *shotgun* em acordos de acionistas.

O resultado aqui está, para o contentamento da doutrina nacional e para bem informar os julgadores. O leitor terá o prazer de desfrutar de um texto técnico, academicamente rigoroso e, ao mesmo tempo, graciosamente fluido. Que não se engane o leitor, todavia, com a facilidade da leitura: o ritmo gracioso do texto não esconde a potência do caminho da pesquisa científica e das ideias muito bem articuladas e fundamentadas.

Gabriela identifica a natureza jurídica da cláusula *shotgun*, contrasta-a com figuras próximas, qualifica-a juridicamente. Demonstra a racionalidade jurídica e econômica da cláusula, inclusive seus limites em vista das variadas posições e interesses predominantes. Não se furta ao exame de cláusulas patológicas e faz recomendações para o uso e a interpretação escorreita da cláusula *shotgun* em pactos parassociais.

Qualquer pessoa com vivência em Direito Societário e em M&A sabe da importância das virtudes siamesas da Persistência e da Perspectiva em uma mesa de negociação. Sabe também que as negociações mais difíceis muitas vezes ocorrem entre o advogado e o próprio cliente, como nos ensinou James C. Freund há 45 anos.[1] Gabriela traz precioso auxílio por meio deste livro.

De fato, a apresentação da lógica interna da cláusula *shotgun*, de suas vantagens e desvantagens intrínsecas e daquelas do *law in action* são claramente transmitidas pela obra que Gabriela nos oferece, colaborando no processo de tomada de decisão pelas partes e ajudando o advogado a bem informar seu cliente. Como desenhar a cláusula para que esta seja válida, lícita e eficaz é lição contida nesta obra, auxiliando o profissional a saber quando manter a persistência e a assegurar a compreensão da perspectiva com vistas à realização efetiva de seus objetivos negociais.

Gabriela concretizou, neste livro, os propósitos almejados pelo programa de Mestrado Profissional da FGV DIREITO SP: legou-nos doutrina, da melhor qualidade, de farto embasamento teórico e de direta utilidade profissional. Oxalá que venham outras, em breve!

LIE UEMA DO CARMO
Professora da Escola de Direito de São Paulo da Fundação Getulio Vargas
(FGV DIREITO SP). Árbitra e advogada. Doutora em Direito Comercial pela
Universidade de São Paulo (USP). Mestre em Direito Civil pela Pontifícia
Universidade Católica de São Paulo (PUC/SP), LL.M. University of Chicago.

---

[1] FREUND, James C. *Anatomy of a Merger*: Strategies and Techniques for Negotiating Corporate Acquisitions. New York: Law Journal Press, 1975, reprinted 2004.

PREFÁCIO

O livro de autoria de Gabriela Blanchet é fruto de cuidadoso trabalho de pesquisa desenvolvido no âmbito do curso de Mestrado Profissional da Escola de Direito de São Paulo da Fundação Getulio Vargas (FGV DIREITO SP), sob a competente orientação da professora Lie Uema do Carmo. O trabalho mereceu aprovação destacada pela banca examinadora que conferiu a titulação de mestre à autora, tendo recebido ainda a qualificadora de indicação à premiação.

O texto explora a utilização da chamada cláusula *shotgun* no âmbito de sociedades limitadas ou anônimas, quando compostas por dois sócios. A cláusula tem origem na prática negocial norte-americana e serve para solucionar impasses que tornam insustentável a convivência em parcerias societárias (*joint venture*). Nesse tipo de arranjo, os parceiros contribuem para o empreendimento comum não apenas com o aporte de capital, mas também com prestações acessórias sob a forma de instalações industriais, transferência de tecnologia, acesso a mercados e apoio de redes de distribuição consolidadas.

A cláusula *shotgun* consiste basicamente em uma opção recíproca, prevista como regra em acordos de sócios ou acionistas, que permite a qualquer das partes formular, sob certas condições, uma proposta irrevogável e irretratável de compra da participação societária da outra parte. Se a proposta de compra for recusada, a parte destinatária fica automaticamente obrigada a comprar a participação societária da parte ofertante, pelo mesmo preço unitário. Ao final, um dos sócios acabará se retirando forçosamente da sociedade, como comprador ou vendedor em face do outro. Trata-se de solução extrema, capaz de agravar o desequilíbrio entre os consortes, sobretudo quando estiverem presentes assimetrias de poder econômico.

O trabalho explica em detalhes o campo de aplicação da cláusula *shotgun* e as possíveis variações de modelo, além de discutir o seu correto enquadramento jurídico. A autora identifica, problematiza e discute as questões jurídicas sensíveis, considerando o contexto fático em que estão inseridas e suas consequências práticas. As polêmicas não são apresentadas de forma maniqueísta ou sustentadas por argumentos puramente dogmáticos. As reflexões são dotadas de rigor acadêmico, na medida em que analisam posições contrapostas, mostrando os vários ângulos do problema, de forma neutra e abrangente.

É louvável, ainda, a preocupação da autora com a abordagem analítica do tema, ao investigar a racionalidade econômica da cláusula *shotgun*, para então identificar vantagens e desvantagens associadas ao seu uso nas relações societárias, em especial quando há compartilhamento do poder de controle acionário. Ao mesmo tempo em que aponta vulnerabilidades e potenciais patologias do instrumento, a autora oferece recomendações práticas para mitigar riscos de questionamento jurídico e assegurar a sua exequibilidade na prática, inclusive com sugestão de cuidados específicos e de modelos de redação contratual.

A obra é um bom exemplo do modelo de pesquisa adotado no Mestrado Profissional da FGV DIREITO SP, cuja tônica recai sobre o caráter aplicado do resultado da investigação. Sua utilidade prática é revelada pelo componente prescritivo, sob a forma de orientações de conduta dirigidas aos operadores do Direito, ou de propostas de aprimoramento do marco legal e regulatório.

O saber jurídico não mais se amolda às fronteiras disciplinares tradicionais do Direito, que se tornaram artificiais em face da complexidade dos problemas atuais. O profissional moderno deve ser capaz de conhecer a realidade concreta, transitar entre os vários ramos do Direito e manter diálogo com outras áreas afins do conhecimento.

Espera-se que a obra proporcione ao leitor não apenas a aquisição de conhecimento qualificado e teoricamente robusto, mas sobretudo útil e diretamente aplicável à atividade profissional.

Mario Engler Pinto Junior
Professor e Coordenador do Mestrado Profissional da Escola de Direito de São Paulo da Fundação Getulio Vargas (FGV DIREITO SP).

LISTA DE SIGLAS E ABREVIATURAS

CEO	*chief executive officer*
CRDE	Câmara Reservada de Direito Empresarial
CVM	Comissão de Valores Mobiliários
EBITDA	*earnings before interest, taxes, depreciation and amortization*
IBGC	Instituto Brasileiro de Governança Corporativa
LSA	Lei n. 6.404/1976 (Lei das Sociedades por Ações)
S/A	Sociedade por Ações
STJ	Superior Tribunal de Justiça
TJ/RJ	Tribunal de Justiça do Estado do Rio de Janeiro
TJ/SP	Tribunal de Justiça do Estado de São Paulo

SUMÁRIO

INTRODUÇÃO	19
1. CONTEXTO E CONCEITOS PRELIMINARES	25
1.1 A utilização da cláusula *shotgun* em acordos de acionistas	27
1.1.1 Ausência de previsão legal específica no Brasil	28
1.2 Contexto	29
1.2.1 Mecanismos similares	30
1.2.1.1 *Texas shoot-out*	31
1.2.1.2 *Sale shoot-out*	31
1.2.1.3 *Deterrent approach*	32
1.2.2 Poder de controle compartilhado	32
1.2.3 Restrição do uso da cláusula *shotgun* para solucionar impasses materiais relevantes	41
1.2.3.1 Conceito de "impasse" no direito societário brasileiro	41
1.2.3.1.1 Matérias relevantes	45
1.2.3.1.2 Quebra da *affectio societatis*	49
2. CLÁUSULA *SHOTGUN*	53
2.1 Redação clássica	53
2.2 Definição e principais características	54
2.3 Aplicabilidade	59
2.4 Natureza e qualificação jurídica	60
2.4.1 Direitos potestativos mútuos	61
2.4.2 Negócio jurídico bilateral (contrato)	64

        2.4.3 Contrato preparatório ou contrato preliminar?   68
        2.4.4 Opção recíproca de compra e venda forçada com inversão do poder decisório sobre a posição subjetiva   72
        2.4.5 Compra e venda de participação societária   76
        2.4.6 Contrato translativo de propriedade   79
   2.5 Racionalidade e limites   80
        2.5.1 Vantagens e desvantagens   82
            2.5.1.1 Vantagens   82
                2.5.1.1.1 Precificação mais justa   82
                2.5.1.1.2 Incentivo a um acordo amigável   83
                2.5.1.1.3 Procedimento mais rápido e menos custoso para as partes   83
                2.5.1.1.4 Confere uma maior segurança jurídica   84
                2.5.1.1.5 Mitiga a perda do valor de mercado da empresa   84
            2.5.1.2 Desvantagens   85
                2.5.1.2.1 A falta de um resultado previsível   85
                2.5.1.2.2 Potencial para abuso por parte de um dos acionistas   85
                2.5.1.2.3 Troca do poder de controle societário   86
                2.5.1.2.4 Assimetrias   87
                      2.5.1.2.4.1 Assimetria de informação   87
                      2.5.1.2.4.2 Assimetria de poder econômico   89
                      2.5.1.2.4.3 Assimetria de capacidade técnica   90
                      2.5.1.2.4.4 Assimetria de interesses   91

3. OUTRAS PATOLOGIAS   93
   3.1 Vício de autonomia da vontade   93
        3.1.1 Formação unilateral do preço   95
        3.1.2 Condição meramente potestativa   99
   3.2 Ilicitude anterior à formação do contrato de compra e venda   101
        3.2.1 Provocar maliciosamente o impasse societário   103
        3.2.2 Abuso de direito no exercício da cláusula *shotgun*   105

4. EXEQUIBILIDADE DA CLÁUSULA *SHOTGUN*   107
   4.1 Aparente contradição: possibilidade de questionamento da cláusula perante o Judiciário   111

4.2 Recomendações ... 112
    4.2.1 Procedimentos prévios de negociação capazes de afastar possíveis assimetrias/desvantagens entre acionistas ... 112
        4.2.1.1 *Lock up period* relacionado à cláusula *shotgun* ... 112
        4.2.1.2 Garantia do acesso à informação ... 113
        4.2.1.3 Garantia do tempo para buscar financiamento ... 115
        4.2.1.4 Tratamento relacionado às eventuais garantias da sociedade ... 116
        4.2.1.5 Tratamento relacionado a eventuais contingências ... 117
        4.2.1.6 Contratação de um avaliador externo ... 118
        4.2.1.7 Formação do preço na cláusula *shotgun* e possibilidade de *earn-out* futuro ... 120
        4.2.1.8 Inserção de procedimentos prévios ao exercício da cláusula *shotgun* ... 121
            4.2.1.8.1 Mediação ... 122
            4.2.1.8.2 Conciliação ... 123
            4.2.1.8.3 Decisão do *chief executive officer* (CEO) ou do presidente do conselho de administração ... 123
            4.2.1.8.4 Voto de minerva de membros do conselho de administração ... 124
4.3 Sugestão de redação para a cláusula *shotgun* e elementos a serem observados pelos acionistas para uma adequada negociação ... 124

CONSIDERAÇÕES FINAIS ... 129

REFERÊNCIAS ... 133

Introdução

O presente livro tem como objeto central o estudo de um dos principais, e mais comumente utilizados, mecanismos contratuais para a resolução de impasses societários: a cláusula *shotgun*, também conhecida como *buy or sell*. Busca-se identificar a sua racionalidade, sua utilidade nos acordos de acionistas e os limites para a sua aplicação.

Importante ressaltar que o escopo do presente trabalho se limita à aplicação da cláusula *shotgun* especificamente quando inserida em acordo de acionistas. Não contempla, portanto, outras formas contratuais, ainda que com características semelhantes, como as opções de compra e venda ou os contratos de *shotgun* (*buy-sell agreements*). Estes últimos, comumente utilizados nos Estados Unidos, consistem em contratos de compra e venda forçada, que preveem a venda da parte societária de um dos sócios já com preço e condições do negócio pré-acordadas entre as partes quando ocorrer o evento considerado como um *trigger* para a venda forçada — como em casos específicos de morte ou incapacidade permanente de um dos sócios. Referidos contratos costumam ser usados sem a vinculação condicional ao evento de impasse societário.

Nosso estudo também não contempla a análise da probabilidade da prevalência de uma parte sobre a outra, dependendo das diversas assimetrias e forças envolvidas na negociação da cláusula ou no seu exercício, limitando-se a indicar a existência dessas assimetrias. Da mesma maneira, não traz estudos relativos aos cálculos e fórmulas matemáticas complexas relacionadas à aplicação da cláusula *shotgun*.

A pesquisa realizada no presente trabalho, no que tange à sua finalidade, é do tipo aplicada, uma vez que se procurou produzir conhecimento voltado à prática societária, com recomendações objetivas e que podem ser úteis às partes envolvidas. Do ponto de vista do seu objetivo, a pesquisa teve um caráter exploratório, ao contribuir para o estudo científico do tema, a partir da compilação, consolidação e análise de artigos, doutrina, jurisprudência nacional e internacional, documentos e informações. Em relação aos procedimentos, a pesquisa foi realizada com base em levantamento bibliográfico e não bibliográfico de estudos jurídicos e extrajurídicos, que foram posteriormente analisados.

Para a abordagem do tema, realizamos revisão bibliográfica, mediante análise de repertório teórico-internacional — o qual, no contexto atual, encontra-se mais avançado nos estudos e pesquisas sobre o tema, ainda que não se tenha identificado uma base doutrinária e jurisprudencial já consolidada. Adicionalmente, buscamos identificar, também mediante revisão bibliográfica, a base teórica e jurisprudencial nacional sobre o tema — mas, infelizmente, o repertório teórico e jurisprudencial mostrou-se bastante escasso.

As buscas foram realizadas em repositórios nacionais e internacionais de artigos, além de dissertações e teses sobre o tema, ou mesmo sobre temas correlatos, capazes de contextualizar a aplicação da cláusula *shotgun*. Adicionalmente, fizemos um levantamento da jurisprudência nacional no Superior Tribunal de Justiça (STJ) e nos Tribunais de Justiça dos Estados de São Paulo e Rio de Janeiro, que são tribunais brasileiros que possuem Câmaras Reservadas de Direito Empresarial (CRDE) para julgamentos envolvendo questões societárias.

Ao realizarmos pesquisas do repertório jurisprudencial no *site* do STJ[2] com a palavra-chave *"shotgun"*, não encontramos qualquer julgado acerca do tema em estudo, e, com as palavras-chave "transferência de cotas" e "alienação de cotas", somente encontramos julgados relacionados a questões tributárias não pertinentes ou julgados que não analisam a questão jurídica por ser necessário exame de prova. Ao utilizarmos a busca com a palavra-chave *"buy or sell"*, encontramos apenas um julgado, conforme veremos adiante.

---

[2] BRASIL. Superior Tribunal de Justiça. *Jurisprudência do STJ*. Disponível em: http://www.stj.jus.br/SCON/pesquisar.jsp. Acesso em: 24 jan. 2018.

INTRODUÇÃO

No *site* do Tribunal de Justiça do Estado do Rio de Janeiro (TJ/RJ), também nenhum julgado sobre o tema foi encontrado utilizando-se as palavras-chave "dissolução parcial", "transferência de cotas", "alienação de cotas" e *"shotgun"*.[3] Contudo, ao utilizarmos a palavra-chave *"buy or sell"* encontramos um acórdão da 3ª Câmara Cível na Apelação Cível n. 61246/07, de relatoria do Desembargador Luiz Fernando Ribeiro de Carvalho, proferido em 31 de outubro de 2008, e, posteriormente, levado ao STJ (Agravo de Instrumento n. 1.301.616-RJ). A discussão no processo judicial tratava de pleito no qual o acionista que adquiriu a participação societária da empresa como resultado da execução da cláusula *shotgun* em acordo de acionistas decorrente de impasse societário intransponível solicita a redução do preço do negócio jurídico de aquisição das ações ("Preço do Exercício") sob a alegação de que o montante pactuado foi fixado a partir de dados contábeis eivados de fraude e irregularidades. Nesse caso, tanto a CRDE do TJ/RJ quanto o STJ, em decisão proferida pelo Ministro Vasco Della Giustina, entenderam que os acionistas da companhia não haviam acordado, no respectivo acordo de acionistas, o cálculo do Preço do Exercício com base no valor patrimonial, mas sim com base no valor de negociação das ações. Entenderam também ser o acionista um executivo com total conhecimento e entendimento da operação decorrente da execução da cláusula *shotgun* constante do acordo de acionistas assinado entre as partes, conforme transcrito a seguir:

> De outro turno, a formação e experiência do Apelado, e sua posição acionária desde a fundação da Companhia, apontam para que se trata de executivo com alto grau de domínio do ramo em que milita, bem assim da organização que fundou e sempre dirigiu. Não é ele, pois, pessoa sem informação, não colhendo, também por isso, sua afirmação de que tenha sido surpreendido pelas práticas que veio a denunciar.
> Assim, seja porque o patrimônio alegadamente lesado foi da Companhia, seja porque o Conselho e seu Presidente têm abrangentes atribuições e poderes administrativos — e responsabilidade administrativa,

---

[3] RIO DE JANEIRO. Tribunal de Justiça do Estado do Rio de Janeiro. *Consulta jurisprudência*. Disponível em: http://www4.tjrj.jus.br/ejuris/ConsultarJurisprudencia.aspx. Acesso em: 21 jan. 2020.

por conseguinte —, e ainda porque o Autor é acionista controlador, e administrador, além de demonstrar domínio do *métier* e da companhia, não se pode acolher a sua alegação de desconhecimento dos graves fatos relativos à gestão da sociedade, cuja prática ele imputou exclusivamente aos Réus.[4]

No *site* do Tribunal de Justiça do Estado de São Paulo (TJ/SP), conseguimos encontrar quatro decisões proferidas pelas CRDEs do TJ/SP relacionadas ao tema em estudo anterior realizado por Walfrido Jorge Warde Júnior e Ruy de Mello Junqueira Neto no ano de 2013,[5] o que nos leva a concluir que, até janeiro de 2020, não surgiram novos julgados acerca do assunto em tela. Importante ressaltar que os julgados encontrados pela pesquisa jurisprudencial nas decisões proferidas pela CRDE do TJ/SP apenas fazem referência à existência de cláusulas para a resolução de impasses societários em acordos de acionistas, o que não significa necessariamente se tratar de cláusula *shotgun*, vez que a resolução de impasses societários pode-se dar por vias alternativas para a solução de conflitos entre os acionistas.

Por fim, analisamos alguns julgados de cortes e tribunais estrangeiros, especialmente dos Estados Unidos e do Canadá, sobre a natureza jurídica e a aplicação da cláusula *shotgun* pelos poderes judiciários locais, que trarão mais subsídios e enriquecerão o presente livro.

Tendo em vista o resultado das buscas jurisprudenciais mencionadas, resta demonstrado que, no Brasil, a maior parte das discussões societárias sequer chega ao Poder Judiciário. Muito provavelmente são objeto de procedimentos arbitrais que têm caráter sigiloso, ou são resolvidas via alguma forma alternativa de resolução de conflitos societários, tais quais mediação ou conciliação, o que dificulta o acesso ao material relacionado ao tema. Tal inferência é resultado de uma análise por amostragem de cláusulas *shotgun* ou de resolução de impasses societários inseridas nos acordos de acionistas de algumas das companhias cujos

---

[4] BRASIL. Superior Tribunal de Justiça. *Agravo de Instrumento n. 1.301.616/RJ*. Rel. Min. Vasco Della Giustina, j. 23 mar. 2011. Disponível em: https://ww2.stj.jus.br/processo/revista/documento/mediado/?componente=MON&sequencial=14613722&num_registro=201000748393&data=20110331. Acesso em: 21 jan. 2020.

[5] SÃO PAULO. Tribunal de Justiça do Estado de São Paulo. *Consulta completa*. Disponível em: https://esaj.tjsp.jus.br/cjsg/resultadoCompleta.do. Acesso em: 10 jan. 2020.

estatutos sociais estão publicados no site da CVM, o que nos permitiu concluir que em todas as cláusulas analisadas houve a eleição da arbitragem como meio para a resolução de qualquer conflito proveniente de um eventual questionamento relacionado ao conteúdo e interpretação do acordo por qualquer dos acionistas.[6] A título de exemplo, a companhia Santos Brasil Participações S/A divulgou, em 09 de fevereiro de 2010, fato relevante informando a existência de um impasse societário e a respectiva instauração de um procedimento arbitral. Cumpre salientar que o acordo de acionistas da referida empresa possui uma cláusula *buy or sell*.[7]

No primeiro capítulo deste livro, discorremos sobre o contexto em que a cláusula *shotgun* é comumente utilizada, a sua aplicação prática, citando mecanismos contratuais similares e que geram confusão quando da sua aplicação. Tratamos também de alguns conceitos preliminares, como os conceitos de "compartilhamento de controle" e de "impasse societário", por exemplo, os quais devem ser trazidos ao presente trabalho por permitirem uma melhor compreensão do tema objeto do estudo.

No segundo capítulo, tratamos do conceito da cláusula *shotgun*, partindo da redação clássica da cláusula, de suas principais características, fazendo uma análise dogmática com relação a sua natureza e qualificação jurídica. Posteriormente, abordamos a racionalidade e os limites de aplicação da cláusula *shotgun*, discutindo as suas vantagens e desvantagens sob a ótica econômica[8] e as assimetrias que podem existir entre as partes quando dos procedimentos prévios para a negociação da inserção da cláusula *shotgun* no acordo de acionistas.

---

[6] BRASIL. Ministério da Fazenda do Brasil. Comissão de Valores Mobiliários — CVM. *Consulta de documentos de companhias abertas por ordem alfabética*. Disponível em: https://cvmweb.cvm.gov.br/SWB/Sistemas/SCW/CPublica/CiaAb/FormBuscaCiaAbOrdAlf.aspx. Acesso em: 21 jan. 2020.

[7] SANTOS BRASIL PARTICIPAÇÕES S/A. *Fato relevante*. São Paulo, 9 fev. 2010. Disponível em: https://mz-filemanager.s3.amazonaws.com/cf449510-6b50-479e-aba7-6ab35d5a0c6f/fatos-relevantes-e-comunicados-ao-mercado/1b08c470a823c23fcbfc0a81ee0b696a6cc4e89555eec219fe32ef29fb7f4561/fato_relevante_stbp.pdf. Acesso em: 20 jan. 2020.

[8] Note-se que não se fará um estudo aprofundado da cláusula sob o enfoque de análise econômica do direito, de forma a se evitar o alargamento do escopo do presente trabalho; todavia, será feita uma análise sob a ótica econômica com o intuito de se identificar as vantagens e desvantagens de se utilizar da cláusula *shotgun* em acordo de sócios para dirimir futuros impasses societários relevantes.

No terceiro capítulo deste trabalho, tratamos de outras patologias que podem estar presentes quando da negociação, inclusão em acordo de acionistas e ativação da cláusula *shotgun*, que podem afetar a validade ou a eficácia da cláusula *shotgun*, bem como a sua eficiência ou ineficiência para solucionar os impasses societários que surgem no decorrer da vida em sociedade.

No quarto capítulo, tratamos da eficácia da cláusula *shotgun* no contexto jurídico brasileiro, bem como da possibilidade de questionamento da cláusula junto ao Poder Judiciário ou em procedimento arbitral. Adicionalmente, sugeriremos recomendações e alguns procedimentos prévios que podem ser adotados pelas partes para minimizar eventuais assimetrias.

Por fim, apresentamos as nossas conclusões, demonstrando que, desde que sejam adotados determinados cuidados, a cláusula *shotgun* pode ser um mecanismo contratual eficaz para a resolução de disputas societárias. Isso porque tem o potencial de maximizar a alocação de recursos pelas partes envolvidas com o intuito de se chegar a uma solução mais equânime para determinado impasse societário, algo que beneficiará não só as partes envolvidas, mas também a sociedade e seus *stakeholders*[9] (partes interessadas), pelo restabelecimento do regular funcionamento da sociedade.

---

[9] O Instituto Brasileiro Governança Corporativa (IBGC), em seu Código das Melhores Práticas de Governança Corporativa, conceitua *stakeholders* ou partes interessadas conforme segue: "Partes interessadas são indivíduos ou entidades que assumem algum tipo de risco, direto ou indireto, relacionado à atividade da organização. São elas, além dos sócios, os empregados, clientes, fornecedores, credores, governo, comunidades do entorno das unidades operacionais, entre outras." (INSTITUTO BRASILEIRO GOVERNANCA CORPORATIVA — IBGC. *Código das melhores práticas de governança corporativa*. Disponível em: https://www.ibgc.org.br. Acesso em: 20 fev. 2019).

1. Contexto e conceitos preliminares

No decorrer do presente livro, optamos por nos referir à cláusula objeto de estudo como "cláusula *shotgun*", aceitando, portanto, a importação da nomenclatura utilizada nos países tradicionalmente de *common law*, Estados Unidos e Inglaterra, mas já consolidada em nosso direito pátrio.

Optamos, também, por nos referir a "acordo de acionistas"[10] de forma geral e ampla, com o intuito de englobar não apenas os acordos entre acionistas de sociedades por ações, sejam elas abertas ou fechadas, mas também os acordos de sócios firmados no âmbito das sociedades de pessoas, principalmente as sociedades empresárias de responsabilidade limitada. Isso porque não há, no direito brasileiro, qualquer vedação à utilização da cláusula *shotgun* como mecanismo para a solução de

---

[10] Para melhor compreensão do tema, trazemos o conceito de "acordo de acionistas", tal como definido por Modesto Carvalhosa: "Trata-se, o acordo de acionistas, de um contrato submetido às normas comuns de validade e eficácia de todo o negócio jurídico privado, concluído entre acionistas de uma mesma companhia, tendo por objeto a regulação do exercício dos direitos referentes às suas ações, tanto no que concerne ao controle como ao voto dos minoritários ou, ainda, à negociabilidade dessas ações. Tais acordos visam à composição dos interesses dos acionistas com respeito ao exercício de seus direitos políticos, junto à companhia, e patrimoniais sobre suas ações. Esses interesses se confundem com os da própria sociedade em se tratando de acordo de controle, ao passo que os acordos de voto dos minoritários e os de bloqueio são avenças do particular interesse dos seus subscritores" (CARVALHOSA, Modesto. *Acordo de acionistas*. São Paulo: Saraiva, 2011, p. 21-22).

disputas resultantes de impasses societários relevantes em acordos parassociais[11] de sociedades diversas.

A preferência pelo termo "acordo de acionistas" em detrimento do termo "acordo de sócios" deve-se ao fato de que, no Brasil, em que pese a maior parte das sociedades ser constituída sob a forma societária de sociedade empresária de responsabilidade limitada composta por sócios que detêm cada um 50% (cinquenta por cento) das quotas da sociedade, com poder decisório compartilhado,[12] o termo "acordo de acionistas" geralmente é mais utilizado pelos operadores do direito e pelos empresários no jargão do mercado. Adicionalmente, em geral são os acordos entre acionistas de sociedade por ações que possuem mecanismos contratuais mais sofisticados para a solução de disputas societárias, como a cláusula *shotgun*.

Reforçamos que, ao nos referirmos a "acionistas" no decorrer do presente livro, tudo o que será exposto poderá igualmente ser aplicado para sócios de outros tipos societários admitidos pela legislação brasileira. Obviamente, deverá o operador do direito sempre considerar os aspectos e características específicas de cada tipo societário.

Portanto, nada impede que os operadores do direito façam uso da cláusula *shotgun* também nos acordos de sócios de sociedade empresária

---

[11] Para José Waldecy Lucena, o acordo de acionistas (aplicável também aos acordos de sócio de uma forma geral), "qualifica-se como um pacto parassocial e que se inclui entre os contratos plurilaterais com comunhão de escopo, segundo a clássica conceituação de Ascarelli. De fato, ressalta de logo tratar-se de um *pacto parassocial*, ou seja, um contrato que se situa ao lado do *pacto social* (constitutivo da companhia), que obviamente o precede, do qual, sem perder sua autonomia, depende, e cujo *estatuto social* não pode alterar ou complementar. De se notar, no entanto, que, embora inconfundível com o pacto social, o acordo de acionistas, ao disciplinar interesses dos acionistas enquanto tais (*uti singuli*), irradia efeitos que alcançam a própria sociedade. Como averbou Barros Leães, 'embora operando fora do âmbito da sociedade, na esfera privada dos sócios, os acordos de acionistas, porém produzem efeitos reflexos no seio da própria sociedade, visto que adentram o campo privado dos direitos dos sócios enquanto sócios'." (LUCENA, José Waldecy. *Das sociedades anônimas*: comentários à lei: v. 1. Rio de Janeiro: Renovar, 2009, p. 1.131).

[12] MATTOS FILHO, Ary Oswaldo; CHAVENCO, Maurício; HUBERT, Paulo; VILELA, Renato; RIBEIRO, Victor B. Holloway. *Radiografia das sociedades limitadas*. São Paulo: Núcleo de Estudos em Mercados e Investimentos, FGV Escola de Direito SP, ago. 2014. Disponível em: https://direitosp.fgv.br/sites/direitosp.fgv.br/files/arquivos/anexos/radiografia_das_ltdas_v5.pdf. Acesso em: 11 ago. 2017.

de responsabilidade limitada ou outro tipo societário, desde que observados os cuidados necessários que veremos mais adiante.

1.1 A utilização da cláusula *shotgun* em acordos de acionistas

Uma das práticas mais comuns em um contexto de disputa societária é a utilização de ferramentas predeterminadas com o objetivo de solucionar um impasse societário (*deadlock*) intransponível entre acionistas de uma empresa.

Não raro, esses impasses podem comprometer a continuidade dos negócios e atividades sociais e, no limite, acarretar a dissolução total ou parcial da sociedade. Esse desfecho costuma ser precedido de longas disputas judiciais, com os altos custos a elas inerentes: advogados, avaliadores, peritos, testemunhas, taxas, custas processuais, entre outros. Ademais, tais situações normalmente levam a uma perda de foco nos negócios sociais por parte dos acionistas, administradores e empregados, colocando em risco o bom funcionamento das atividades e, no limite, a continuidade da sociedade.

Com a intenção de buscar meios para a solução desses conflitos, a prática societária lança mão de diversos recursos, entre eles as consideradas *deadlock provisions*, que são mecanismos contratuais que funcionam como formas alternativas contratuais para a solução de impasses societários. Tais mecanismos são transcritos como cláusulas contratuais em acordos societários.

Entre as *deadlock provisions* destaca-se a cláusula de opção recíproca de compra e venda forçada com inversão do poder decisório sobre a posição subjetiva, também denominada "cláusula *shotgun*", *Russian Roulette* ou *Buy or Sell Clause*, cuja função primordial é solucionar conflitos e disputas societárias sem que os acionistas tenham que recorrer ao Poder Judiciário ou mesmo a tribunais arbitrais.

A prática societária tem demonstrado que os operadores do direito pátrio têm se utilizado cada vez mais das cláusulas *shotgun* e de mecanismos similares em acordos de acionistas como forma de se deixar já pré-pactuada a forma como a cláusula será aplicada para dirimir possíveis futuros conflitos societários intransponíveis.

Porém, nota-se que esses mecanismos contratuais para a resolução de disputas societárias vêm sendo utilizados sem que haja o cuidado adequado com a sua correta interpretação e aplicação. Isso se deve, em grande medida, à ausência de previsão legal específica e à escassez de repertório teórico nacional sobre a cláusula *shotgun* e mecanismos contratuais similares, conforme discutiremos a seguir. Muito pouco se tem debatido ou escrito sobre tal cláusula em repertório teórico e jurisprudencial pátrios.

1.1.1 Ausência de previsão legal específica no Brasil

O ordenamento jurídico brasileiro sequer menciona o conceito e o regime jurídico para a aplicação da cláusula *shotgun* como mecanismo contratual para resolução de disputas societárias intransponíveis. Isso faz com que a cláusula *shotgun* seja considerada um mecanismo contratual atípico para a solução de disputas societárias, a ser interpretado e regido pelas normas gerais do direito societário e do direito civil, mais especificamente na parte que trata do direito das obrigações.

Contudo, também não há, no direito brasileiro, qualquer vedação para que a cláusula *shotgun*, própria da prática negocial norte-americana, seja reproduzida em acordos de acionistas, ou acordo de sócios, inclusive no âmbito das sociedades empresárias de responsabilidade limitada. Essa prática tem se tornado cada vez mais recorrente nas operações societárias, e a cláusula *shotgun* costuma apresentar as mais diversas redações e ritos de aplicação.

Segundo Judith Martins-Costa, "o mundo dos negócios não conhece fronteiras nacionais".[13] Adicionalmente, a autora dispõe que:

> Os dados de realidade indicam a existência de fronteiras culturais, sendo o Direito o fenômeno da cultura. Porém, o paradoxo está em que o mundo dos negócios não conhece fronteiras nacionais. Modelos jurídicos continuamente circulam, esse é também um dado da realidade. Surgem, então, os problemas: o instituto que migra de uma cultura jurídica a outra pode ou (i) não ser compatível com o sistema cultural para o qual migrou; ou (ii) ser reiterativo — já que outro instituto, formalmente diverso, pode, na cultura jurídica receptora desempenhar similar função; (iii) ser

---

[13] MARTINS-COSTA, Judith. A cláusula de *Buy or Sell* na perspectiva do Direito das Obrigações. *In*: VENANCIO FILHO, Alberto; LOBO, Carlos Augusto da Silveira; ROSMAN, Luiz Alberto Colona (coord.). *A Lei das S.A. em seus 40 anos*. Rio de Janeiro: Forense, 2017, p. 535-561, p. 536.

passível de recepção, desde que se acomode aos dados do sistema receptor. Seja como for, ao ser recebido e amoldar-se aos diversos formantes do sistema que o recebe, o instituto terá, ao fim e a cabo, uma modelação, ao menos parcialmente diversa daquela conformada por seu *locus* originário.[14]

Entendemos, portanto, que a cláusula *shotgun* foi recepcionada pelo ordenamento jurídico brasileiro. Contudo, é preciso ter bastante cautela ao se negociar a inserção de uma cláusula *shotgun* em um pacto parassocietário, conforme veremos mais adiante.

1.2 Contexto

A cláusula *shotgun* consiste num mecanismo contratual comumente utilizado em acordos parassocietários para a solução de disputas societárias segundo o qual, dada a ocorrência de um impasse societário intransponível, um dos acionistas apresenta ao outro uma oferta para comprar ou vender a sua participação societária ("Acionista Ofertante"). O acionista que recebe a oferta ("Acionista Ofertado") decidirá se comprará a parte societária do Acionista Ofertante ou se venderá a sua parte societária ao Acionista Ofertante pelo preço e condições descritos na oferta.

Conforme antecipado, a utilização da cláusula *shotgun*, assim como de outros mecanismos similares, tem sido crescente no Brasil. A cláusula *shotgun* tem sido frequentemente encontrada em acordos de acionistas de sociedades anônimas de capital fechado que possuam poder de controle concentrado ou compartilhado, assim como em acordo de sócios de sociedades empresárias de responsabilidade limitada que, mesmo sendo sociedades de pessoas com caráter contratual dominante, prevejam que determinadas matérias dependam do voto de um ou mais sócios para a sua aprovação, ou seja, estabelece que certas matérias não podem ser aprovadas apenas por um dos sócios com poder decisório.

O enfoque principal do presente livro é o estudo da cláusula *shotgun*; entretanto, para entender o seu contexto de aplicação, cumpre-nos trazer à baila, ainda que brevemente, para não fugir ao escopo do livro, os mecanismos similares que possuam o mesmo objetivo e o mesmo resul-

---

[14] MARTINS-COSTA, Judith. Op. cit., p. 536.

tado final, qual seja a manutenção da continuidade social com dissolução parcial da sociedade decorrente da saída de um dos acionistas.

Não raras são as vezes que, na prática, a cláusula *shotgun* é confundida com outros mecanismos contratuais similares para a resolução de impasses societários.

1.2.1 Mecanismos similares

Os mecanismos contratuais para a solução de impasses societários são similares entre si e não existe um consenso teórico com relação às suas denominações. A cláusula *shotgun*, por exemplo, é comumente chamada de *mexican/texas shootout, buy or sell* ou *cake cutting mechanism*, por exemplo.

Tais mecanismos, apesar de apresentarem algumas variações na sua redação contratual, possuem o mesmo efeito da cláusula em estudo, qual seja, todos pressupõem a resolução do impasse societário por intermédio da saída de um dos acionistas, o qual terá a totalidade de sua participação societária adquirida pelo acionista remanescente.

Nesse contexto, com o objetivo de incrementar o estudo, busca-se a um só tempo apresentar um cenário mais complexo e afastar a confusão que as cláusulas contratuais possam gerar em virtude da grande semelhança entre si. Inclusive no que diz respeito à sua aplicação e finalidade, faz-se mister tratarmos, neste livro, das diferentes tipologias de cláusulas contratuais para a resolução de impasses societários.

Note-se, porém, que listamos a seguir apenas as cláusulas contratuais que, ao serem exercidas por um dos acionistas de determinada sociedade, geram, na prática, as mesmas consequências e efeitos que a cláusula *shotgun*.

Nesse sentido, não trouxemos à baila cláusulas ou mecanismos contratuais similares que, assim como a cláusula *shotgun*, visam à resolução de conflitos societários, mas geram efeitos distintos, como, por exemplo, a cláusula *solomon judgement*, que pressupõe uma medida mais drástica para a resolução do impasse societário, resultando geralmente na (i) dissolução total da sociedade ou (ii) na cisão da sociedade em duas partes teoricamente iguais.[15]

---

[15] "Teoricamente iguais", vez que se afigura como desvantagem desse mecanismo contratual para resolução de um impasse societário o fato de que, quando uma sociedade é avaliada pelo seu *goodwill*, pela sua rede de fornecedores, por determinada *expertise* ou por alguns dos

Além da cláusula *shotgun*, que é objeto de estudo do presente livro, encontram-se listados outros mecanismos contratuais para a resolução de disputas societárias mais comumente encontrados em acordo de acionistas. A diferença entre eles reside basicamente na forma de definição do valor a ser pago pela compra da participação societária do acionista que deixará a sociedade. As partes têm total autonomia para negociar a inserção, no acordo societário, da cláusula que melhor se aplique ao caso concreto.

1.2.1.1 *Texas shoot-out*

Na cláusula denominada *texas shoot-out*, uma das partes ("Parte Notificante") oferece comprar toda a participação societária detida pela outra parte ("Parte Notificada") por um preço já especificado na oferta. A Parte Notificada pode aceitar a oferta ou fazer uma contraoferta para comprar a participação societária da Parte Notificante por um preço mais alto. A outra parte poderá aceitar a contraoferta ou repetir esse procedimento. A dinâmica da oferta e contraoferta poderá ter várias rodadas, cujo preço ofertado pode exceder o anterior em determinado percentual até que uma das partes aceite vender sua participação societária para a outra parte.

Outra forma de estabelecer essa cláusula consiste na submissão de envelopes fechados pelas partes do contrato a terceiro independente, e o envelope com a maior oferta ou com a oferta mais justa (com o valor mais próximo do valor que tenha sido determinado por um terceiro independente para avaliar as ações ou quotas) atribuirá à parte que o apresentou o direito a adquirir a participação societária da outra parte.

1.2.1.2 *Sale shoot-out*

A cláusula *sale shoot-out* funciona de maneira reversa à cláusula *texas shoot-out*, ou seja, a Parte Notificante apresenta oferta para vender sua participação societária para a Parte Notificada. Caso a Parte Notificada

sócios, entre outros bens intangíveis, a cisão da sociedade em duas partes pode acarretar a perda de valor considerável da sociedade ou até mesmo a sua inviabilidade, resultando na descontinuidade dos negócios. Nessa hipótese, o valor de determinada sociedade nem sempre é estabelecido apenas pelo valor de seus ativos ou pelos seus dados financeiros, o que faz com que este mecanismo contratual para resolução de disputas societárias nem sempre seja eficiente.

não aceite a oferta para adquirir a parte societária da Parte Notificante, a Parte Notificada deve vender a sua parte societária para a Parte Notificante, com um desconto, ou seja, por valor mais baixo do que aquele estabelecido na primeira oferta de compra.

1.2.1.3 *Deterrent approach*

A cláusula *deterrent approach* pressupõe que o procedimento especial descrito a seguir para determinar o valor justo para cada ação ou quota da sociedade deverá ser incluso no estatuto ou contrato social.

Depois de receber a notificação de exercício da cláusula, a Parte Notificada poderá comprar a participação societária da Parte Notificante por um preço pré-acordado com um desconto (pode ser qualquer percentual de desconto, desde que pré-acordado entre as partes no estatuto social ou em acordo de acionistas), ou vender a sua participação societária pelo mesmo preço com o desconto pré-acordado.

O procedimento da cláusula *deterrent approach*, como o próprio nome enuncia, destina-se a encorajar as partes a buscarem soluções mutuamente aceitáveis, assim como impedir o uso indiscriminado desse procedimento em conflitos societários de menor importância.

São conflitos de menor importância[16] aqueles que não têm um grande potencial de prejudicar o bom andamento dos negócios sociais ou até mesmo de acarretar a total paralização com a consequência de solução da continuidade da empresa. Não deve o uso dessa cláusula ser banalizado para pequenos conflitos, nem deve um dos acionistas aproveitar-se de pequenos conflitos para utilizar a cláusula visando aos seus efeitos.

1.2.2 Poder de controle compartilhado

A sistemática legal vigente permite que a aprovação de temas de interesse da sociedade (com exceção daqueles para os quais a lei estabelece quórum qualificado ou unanimidade) seja feita com o voto majoritário favorável. Essa dinâmica para a tomada de decisões adotada pelo legislador pátrio demonstra a intenção de evitar impasses e engessamentos.

Sabe-se que no Brasil a concentração de participação societária é uma constante nas sociedades e que a quantidade de sociedades sem

---

[16] Ver seção 1.2.3, a seguir.

controlador definido ainda é muito reduzida,[17] o que faz com que o potencial para o surgimento de um impasse societário intransponível ao longo do período de existência da sociedade com concentração e compartilhamento do controle societário seja maior.

Não obstante a possibilidade de um impasse intransponível surgir em qualquer contexto em que uma determinada matéria não possa ser aprovada pelo titular do poder decisório, sem a concordância ou voto afirmativo de outro acionista, é fato que nem todo veto tem o poder de colocar em risco a própria sociedade, o que normalmente ocorre em situações de controle compartilhado ou em que uma das partes tenha influência significativa sobre o poder decisório.

Portanto, para entender o contexto de aplicação da cláusula *shotgun* em acordo de acionistas como mecanismo contratual para resolução de uma disputa societária futura, há que se entender o conceito de poder de controle compartilhado, conforme a seguir exposto.

Ao falarmos em "controle compartilhado" não estamos nos referindo apenas às sociedades cuja participação no capital social votante seja dividida em 50%-50% (cinquenta-cinquenta por cento), uma vez que o "controle compartilhado" de uma determinada sociedade pode se dar também por acordos de voto — mais especificamente, seguindo classificação proposta por Modesto Carvalhosa, por acordos de controle[18] que assegurem a um dos acionistas, mesmo detentor de participação socie-

---

[17] CARVALHAL-DA-SILVA, André; LEAL, Ricardo. Corporate Governance, Market Valuation and Dividend Policy in Brazil. *Coppead Working Paper Series*, n. 390, p. 3-9, nov. 2003. Disponível em: http://ssrn.com/abstract=477302. Acesso em: 20 out. 2019.

[18] "Isto posto, o acordo de controle, por força da nova redação dada ao art. 118 da lei societária pela Lei n. 10.303, de 2001, institui entre nós o regime de *pooling agreement*, consagrado há mais de um século pela doutrina e pela jurisprudência norte-americanas. Por meio desta modalidade de acordo, os acionistas signatários instituem uma comunhão para, assim, exercer o controle societário, razão pela qual convencionam realizar uma reunião prévia a cada deliberação atribuída aos órgãos sociais (conselho de administração, diretoria e assembleia geral). Nessa reunião prévia será decidido, pelo critério da maioria absoluta dos acionistas, o direcionamento dos votos a serem proferidos pelos convenentes em assembleia geral. E, em se tratando de matérias relevantes ou extraordinárias, a direção dos votos a serem dados pelos conselheiros e pelos diretores representantes dos acionistas signatários nas reuniões do conselho de administração e da diretoria, respectivamente. Por aí, o regime do exercício comum do controle acarreta a vinculação das partes do acordo à vontade majoritariamente expressa pela comunhão dos seus signatários, obtida em reunião prévia" (CARVALHOSA, Modesto. *Acordo de acionistas*. Op. cit., p. 117-118).

tária minoritária, o direito de veto sobre determinadas matérias relevantes, que são essenciais para o direcionamento e regular funcionamento da sociedade, as quais dependerão de voto conjunto para serem aprovadas em assembleia geral de acionistas, poder supremo[19] da sociedade, ou em órgãos de administração com seus poderes-função.[20]

Ainda que as disputas societárias possam surgir em qualquer tipo de sociedade que não tenha um controlador definido, uma sociedade que tenha um poder de controle compartilhado faz com que os conflitos e impasses, também chamados muitas vezes de *deadlocks* societários, surjam naturalmente e sejam mais comuns, permitindo que a cláusula *shotgun* e demais mecanismos contratuais similares para a solução de *deadlocks* societários tenham um papel relevante.

Antes de entrarmos no conceito de poder de controle compartilhado, mister se faz, como bem colocam Fábio Konder Comparato e Calixto Salomão Filho, compreender as diversas acepções da palavra "controle":

> Ora, a evolução semântica, em português, foi influenciada tanto pelo francês como pelo inglês, de tal sorte que a palavra "controle" passou a significar, correntemente não só vigilância, verificação, fiscalização, como ato ou poder de dominar, regular, guiar ou restringir. Não é, portanto, absurdo falar-se atualmente, em português, de "controle do controle", problema aliás fundamental de toda organização social, o que sublinha fortemente a ambiguidade do termo. No entanto, a influência inglesa faz sentir-se, hoje, de modo preponderante nesse particular, e, aos poucos, as nossas leis passam a usar "controle" sobretudo no sentido forte de dominação, ou na acepção mais atenuada de disciplina ou regulação.[21]

---

[19] COMPARATO, Fábio Konder; SALOMÃO FILHO, Calixto. *O poder de controle na sociedade anônima*. Rio de Janeiro: Forense, 2005, p. 31.

[20] "Ao contrário do que sucede nos demais tipos societários, a economia interna da sociedade anônima não é deixada à livre decisão dos seus fundadores ou acionistas. O legislador discriminou poderes-funções considerados fundamentais, atribuindo-os a órgãos próprios, insuprimíveis e inconfundíveis: o poder-função deliberante à assembleia geral, o poder-função administrativo à diretoria, o poder-função sindicante ao conselho fiscal. A liberdade negocial dos particulares, na organização de uma companhia, é, pois, limitada pelo respeito devido a esta estrutura básica" (COMPARATO, Fábio Konder; SALOMÃO FILHO, Calixto. Op. cit., p. 30-31).

[21] COMPARATO, Fábio Konder; SALOMÃO FILHO, Calixto. Op. cit., p. 27-30.

Destarte, no presente livro tratamos de controle na sua acepção de "ato ou o poder de dominar, regular, guiar ou restringir", mencionada anteriormente, acepção essa utilizada para, conforme magistério de Fábio Konder Comparato, conceituar a palavra "controle" em obra escrita em coautoria com Calixto Salomão Filho:

> O controle é, pois, a prerrogativa possuída pelo titular de um poder superior de impor suas decisões sobre o titular de um poder inferior. Nesse sentido, ele discrepa radicalmente da dominação direta, exercida pelo senhor, amo ou patrão sobre seus servos, dependentes ou empregados.
> Eis porque o controle é o poder jurídico moderno, próprio das sociedades ou organizações complexas, nas quais se manifesta necessariamente uma hierarquia de funções. Ele é, também, o poder de fato, exercido *ab extra* sobre os administradores de uma pessoa jurídica privada, ou sobre os que detêm oficialmente o poder político.[22]

A Lei das S/A, em seu artigo 116,[23] definiu o conceito de acionista controlador, deixando claro que o poder de controle de um determinado acionista não necessariamente é obtido apenas com a detenção de participação societária majoritária que lhe assegure a maioria dos votos nas deliberações em assembleia geral, mas pode também ser obtido via diversos arranjos jurídico-societários que permitam que o poder de controle seja exercido nas suas mais diversas configurações, bastando restar configurado, ainda que indiretamente, o poder de efetivamente alterar a orientação dos negócios sociais com influência significativa em questões

---

[22] COMPARATO, Fábio Konder; SALOMÃO FILHO, Calixto. Op. cit., p. 27-30.
[23] "Art. 116. Entende-se por acionista controlador a pessoa, natural ou jurídica, ou o grupo de pessoas vinculadas por acordo de voto, ou sob controle comum, que: a) é titular de direitos de sócio que lhe assegurem, de modo permanente, a maioria dos votos nas deliberações da assembleia-geral e o poder de eleger a maioria dos administradores da companhia; e b) usa efetivamente seu poder para dirigir as atividades sociais e orientar o funcionamento dos órgãos da companhia. Parágrafo único. O acionista controlador deve usar o poder com o fim de fazer a companhia realizar o seu objeto e cumprir a sua função social, e tem deveres e responsabilidades para com os demais acionistas da empresa, os que nela trabalham e para a comunidade em que atua, cujos direitos e interesses deve lealmente respeitar e atender."

operacionais e comerciais, além de potencialmente obstar práticas de atos inerentes ao regular funcionamento da sociedade.[24]

Cumpre-nos trazer à baila valorosa contribuição de Calixto Salomão Filho, para quem o legislador brasileiro, ao optar por separar a propriedade do controle, abriu caminho, incentivando a possibilidade de existência de um controle minoritário, conforme transcrito, *in verbis*, a seguir:

> O legislador brasileiro não se contentou em permitir a separação entre propriedade e controle, esmerou-se em incentivá-la. Na maioria das legislações o que existe é a admissão legal de formas de controle minoritário. No Brasil, criaram-se os instrumentos legais para o controle minoritário. A famosa regra que permite a existência de até dois terços do capital da empresa representados por ações preferenciais (sem voto) — art. 15, parágrafo 2º, reduzida pela Lei 10.303, de 31.10.2001, a no máximo 50% do capital total — nada mais é do que a consagração legal do controle minoritário. O sistema brasileiro pode, portanto, ser caracterizado como um sistema em que há opção clara pelo controle minoritário. Ora, em presença de uma opção tão clara do legislador brasileiro a favor do reconhecimento do controle minoritário, seria impossível e ilógico propugnar por um princípio majoritário absoluto dentro do capital com direito a voto. Isso significa que seria ilógico afirmar que só acionistas detentores da maioria do capital votante da companhia podem ter o seu controle.
>
> Por outro lado, é preciso ter bastante cuidado ao se falar em controle minoritário dentro do capital com direito a voto. Ele é profundamente diverso do controle minoritário referido ao capital total que foi mencionado acima. Deve-se pressupor que os adquirentes de ações com direito a voto têm interesse em compartilhar das decisões relativas aos destinos da companhia. Não são meros sócios capitalistas, que querem investir seus recursos sob administração de outrem.[25]

---

[24] Nesse sentido, vide recente voto em: BRASIL. Ministério da Fazenda do Brasil. Comissão de Valores Mobiliários — CVM. *Processo Administrativo CVM n. SEI 19957.009575/2017-73*. Relator: Pablo Renteria, Voto proferido pelo órgão Colegiado, 04 set. 2018. Disponível em: http://www.cvm.gov.br. Acesso em: 22 out. 2018.

[25] SALOMÃO FILHO, Calixto. *O novo direito societário*. 4. ed., rev. e amp. São Paulo: Malheiros, 2011, p. 143-144.

1. CONTEXTO E CONCEITOS PRELIMINARES

Ou seja, o poder de controle de uma determinada sociedade pode se dar de diversas formas, não só com os direitos de acionista que assegurem, de maneira permanente, a maioria do capital social votante em assembleia geral, ou, para os casos de sociedades empresárias por quotas de responsabilidade limitada, de 75% (setenta e cinco por cento) do capital votante, mas também nos casos em que haja efetivamente o poder de determinar o sentido das deliberações sociais de maior relevância e da atividade social, independentemente se tal poder se origina do mínimo de capital votante exigido por lei para assegurar o poder de controle.

As diversas possibilidades de exercício do poder de controle por um determinado acionista são mencionadas por Carlos Augusto da Silveira Lobo:

> O acordo de controle é necessariamente um acordo de voto, mas deste se distingue porque o poder de controle não se exerce apenas através do direito de voto na Assembleia Geral, mas também sob a forma de atos de acionista controlador, que orienta o funcionamento dos órgãos sociais fora das reuniões da Assembleia Geral. Pelo acordo de controle, portanto, o acionista controlador pode vincular-se, não somente quanto ao exercício de seu voto preponderante na Assembleia Geral, como também sobre o modo de orientar o funcionamento dos órgãos da companhia.[26]

Importante ressalvar que o poder de controle não pode ser confundido com direitos de proteção ao acionista minoritário, ainda que tal acionista seja protegido com acordo de voto de minoritário,[27] também denominado acordo de proteção de minoria,[28] com alguma influência significativa sobre a vida societária da empresa.

---

[26] LOBO, Carlos Augusto da Silveira. Acordo de Acionistas. *In*: LAMY FILHO, Alfredo; PEDREIRA, José Luiz Bulhões (org.). *Direito das companhias*. Rio de Janeiro: Forense, 2009, p. 441-499, p. 461-463.

[27] Segundo Modesto Carvalhosa, o acordo de voto minoritário é o segundo tipo de acordo de voto *lato sensu*, o qual "[...] é o de voto, que o direito societário brasileiro, por força da Lei n. 10.303, de 2001, reservou ao exercício de direitos próprios dos minoritários para, assim, distingui-lo do acordo de controle, reservado por sua vez, aos acionistas que logrem compor a maioria absoluta das ações votantes da companhia". (CARVALHOSA, Modesto. *Acordo de acionistas*. Op. cit., p. 118-120).

[28] "São referidos como 'de proteção de minoria' os acordos firmados, de um lado, pelo acionista controlador ou a sociedade controladora, e, de outro, por um ou mais acionistas

Nessa linha de entendimento, cumpre-nos trazer ao presente livro a precisa colocação de Arnoldo Wald ao discorrer sobre a transferência do controle societário:

> Não deve ser entendida como transferência de controle societário a simples celebração de convenção entre o acionista controlador e um acionista minoritário de expressiva participação acionária, desde que o controlador continue titular dos direitos de sócio, que lhe assegurem a prerrogativa de eleger os principais administradores da companhia, e dos direitos de voto, decorrentes da participação majoritária, capazes de proporcionar-lhe, de modo permanente e efetivo, a direção das atividades sociais e a orientação do funcionamento dos órgãos de administração da companhia.[29]

Nesses casos, embora haja algum veto a matérias que tenham alguma relevância, ou até mesmo uma influência significativa na vida societária da empresa, tais vetos não impedem que o acionista controlador exerça de fato o controle sobre o direcionamento e a orientação dos negócios sociais, aprovando as matérias de maior relevância quando necessário.

Como bem colocam Nelson Eizerik, Ariádna B. Gaal, Flávia Parente e Marcus de Freitas Henriques, não é o fato de existir um acordo de acionistas assinado entre acionista controlador e acionista minoritário que faz com que exista o compartilhamento do poder de controle:

> Com efeito, o acordo de acionistas entre controlador e minoritário pode constituir um simples instrumento para conciliar legítimos interesses minoritários, pelos quais o controlador se obriga a não votar em matérias especificadas sem a prévia anuência dos minoritários (ou seja, confere a estes um direito de veto); a votar em determinado sentido em relação a algumas matérias; a manter certa política de dividendos; a não aumentar o capital social, ou a limitá-lo a certo montante; a assegurar ao grupo minoritário participação em órgãos administrativos etc. Nesse tipo de acordo o controlador aceita limitações contratuais ao seu poder de controle em troca de prestações de fazer, ou não fazer, assumidas expressa ou tacitamente pelo acionista minoritário, seja no próprio acordo de acionistas, seja em outros contatos parassociais (como, p. ex., a aquisição de uma participação relevante na companhia, outras prestações acessórias, a desistência de reivindicações etc.)." (LAMY FILHO, Alfredo; PEDREIRA, José Luiz Bulhões (org.). *Direito das companhias*. Rio de Janeiro: Forense, 2009, p. 459).

[29] WALD, Arnoldo. O acordo de acionistas e o poder de controle do acionista majoritário. *Revista de Direito Mercantil, Industrial, Econômico e Financeiro*, v. 110, p. 7-15, abr./jun. 1998, p. 15.

de dois grupos de acionistas, sem alterar suas respectivas condições de controlador e minoritário.

Portanto, não basta a celebração de um acordo de acionistas para caracterizar a hipótese legal do controle conjunto ou compartilhado. Para tanto, faz-se também necessário que os direitos contratualmente assegurados ao minoritário caracterizem uma situação na qual ele passe a efetivamente exercer partes das atribuições inerentes ao poder de controle, participando da condução dos negócios sociais em conjunto com o grupo majoritário.

Para que o acordo de acionistas possa configurar hipótese de controle compartilhado com o acionista minoritário é imprescindível que, em função dos direitos que lhe são atribuídos, fique claro que o grupo controlador abriu mão de seu poder de determinar, isoladamente, todas as decisões da Assembleia Geral e de eleger a maioria dos administradores.[30]

Para restar configurado o compartilhamento de controle, deve-se avaliar se há efetiva ingerência do acionista na administração e orientação dos negócios da sociedade, através da repartição do efetivo poder de controle, como bem observado em brilhante voto proferido pelo órgão colegiado da Comissão de Valores Mobiliários (CVM), relatado por Pablo Renteria, cujos trechos mais relevantes nesse sentido estão a seguir:

> Como se sabe, a Lei n. 6.404/1976 foi pioneira ao reconhecer a existência da figura do acionista controlador, atribuindo-lhe deveres e responsabilidades específicos, que vão além daqueles impostos aos acionistas em geral. Aludida Lei trata da configuração do controle acionário em dois dispositivos. O primeiro é o artigo 116, *caput*, que estabelece os requisitos necessários à identificação do acionista controlador [...]. Ao mesmo tempo em que define os requisitos que devem pautar, em qualquer cenário, a qualificação do acionista controlador, tal dispositivo reconhece a natureza dúctil e multiforme do controle acionário, que pode ser exercido por meio de diferentes arranjos jurídicos, seja por determinado sujeito, seja por grupo de pessoas que mantenham entre si vínculos contratuais ou societários. Como já se observou, "o poder de

---

[30] Eizirik, Nelson; Gaal, Ariádna B.; Parente, Flávia; Henriques, Marcus de Freitas. *Mercado de capitais*: regime jurídico. Rio de Janeiro: Renovar, 2008, p. 369-370.

controle é poder de fato, e não poder jurídico", que pode assumir contornos jurídicos variáveis. Por isso mesmo a doutrina destaca a importância da perspectiva funcional (em oposição à formalista) na identificação do acionista controlador, cabendo, em cada caso concreto, verificar quem, de fato, tem o poder de dirigir as atividades sociais e orientar o funcionamento dos órgãos da companhia [...].[31]

Pablo Renteria arremata o voto supramencionado ao enfatizar a importância da minuciosa análise, por parte do operador do direito, das cláusulas de acordo de acionistas, para avaliar a existência de alguma configuração de poder de controle compartilhado, ainda que entre acionista majoritário e minoritário de determinada sociedade:

> Ao se examinar se determinado acionista se enquadra no conceito de controlador, há de se averiguar o preenchimento dos requisitos legais levando em consideração as circunstâncias do caso e as funções típicas do controle acionário. Notadamente, nos casos como o presente em que se discute a formação de grupo controlador entre um acionista majoritário e outro com participação minoritária, cumpre examinar cuidadosamente as cláusulas do acordo de acionistas a fim de verificar se, de fato, as condições ali estipuladas têm por efeito compartilhar entre os signatários o exercício do poder supremo sobre a companhia [...]. Uma vez configurado o exercício compartilhado do poder de controle entre diferentes pessoas, "todas serão consideradas controladoras e terão idênticas responsabilidades".[32]

Assim, entendemos ser o uso da cláusula *shotgun* em acordo de acionistas mais eficaz, trazendo o máximo de aproveitamento possível tanto para as partes quanto para a sociedade e seus *stakeholders*, nos casos em que houver efetivamente o compartilhamento do poder de controle societário.

---

[31] Neste sentido, vide recente voto em: BRASIL. Ministério da Fazenda do Brasil. Comissão de Valores Mobiliários — CVM. *Processo Administrativo CVM n. SEI 19957.009575/2017-73*. Op. cit.
[32] Vide recente voto em: BRASIL. Ministério da Fazenda do Brasil. Comissão de Valores Mobiliários — CVM. *Processo Administrativo CVM n. SEI 19957.009575/2017-73*. Op. cit.

1.2.3 Restrição do uso da cláusula *shotgun* para solucionar impasses materiais relevantes

As atividades sociais demandam a adoção de inúmeras decisões e ações diárias para o bom funcionamento da empresa — como, por exemplo, comprar mercadorias, pagar empregados, contratar fornecedores, pagar impostos, vender produtos ou serviços, etc. —, nem todas com potencial de paralisar os negócios sociais e a própria sobrevivência da sociedade caso surja uma divergência entre os acionistas da empresa.

Se, por um lado, privilegiam-se os interesses da sociedade e a preservação dos negócios sociais, por outro, a relação entre os acionistas deve ser pautada na boa-fé objetiva, com respeito à função social do contrato.[33]

Nesse sentido, buscando-se evitar a banalização do exercício da cláusula *shotgun* por algum dos acionistas em decorrência de um desentendimento qualquer, ou mesmo por má-fé, conforme veremos mais adiante, é de fundamental importância que sejam estabelecidos alguns critérios em acordo de acionistas para a aplicação e execução da cláusula *shotgun* por uma das partes, sendo um desses critérios a existência de um impasse societário considerado materialmente relevante.

Considera-se como impasse societário materialmente relevante aquele impasse societário que prejudique o bom andamento da empresa ou ocasione uma paralisação dos negócios sociais de forma a acarretar prejuízos muito custosos para ambas as partes, ameaçando a própria continuidade da sociedade, conforme descrito a seguir.

1.2.3.1 Conceito de "impasse" no direito societário brasileiro

Para uma melhor compreensão e utilização do mecanismo de solução de controvérsia implícito na cláusula *shotgun*, é de fundamental importância que seja entendido o conceito de "impasse" para o direito societário brasileiro, vez que é a partir do surgimento de um impasse societário materialmente relevante e intransponível que as partes adquirem o direito de exercerem a opção recíproca de compra e venda forçada com inversão do poder decisório sobre a posição subjetiva descrita na cláusula *shotgun*.

---

[33] Código Civil, art. 421: "A liberdade de contratar será exercida em razão e nos limites da função social do contrato."

Alguns autores entendem surgir um impasse simplesmente pelo fato de não haver a aprovação de uma determinada matéria em sede de assembleia geral de acionistas ou reunião de sócios.

Nesse sentido, Mariana Martins-Costa Ferreira entende haver impasse quando determinada matéria que conste na pauta da assembleia geral de acionistas ou reunião de sócios não obtenha o quórum mínimo de votação para ser aprovada, conforme descreve no trecho a seguir transcrito: "Haverá impasse quando não se consiga aprovar determinada matéria em decorrência da manifestação de votos em sentidos diversos, que impossibilite a obtenção do quórum mínimo majoritário para a tomada de determinada deliberação colegial."[34]

Com todo o respeito ao excelente trabalho desenvolvido pela autora Mariana Martins-Costa Ferreira, discordamos da posição adotada, posto que a prática societária tem demonstrado que a não aprovação de uma determinada matéria em sede de assembleia geral de acionistas ou reunião de sócios não necessariamente gera um impasse ou *deadlock* societário. Por mais óbvio que pareça essa afirmação, a simples não aprovação de uma matéria que consta na ordem do dia de uma assembleia geral ou reunião de sócios por obtenção da maioria de votos contrários à sua aprovação pode significar apenas a sua não aprovação, seguindo a vida societária o seu curso normal após a realização da referida assembleia geral ou reunião de sócios.

Nesses casos não há que se falar em impasse ou *deadlock* societário, apenas houve a rejeição de uma matéria constante da ordem do dia em sede de assembleia geral ou reunião de sócios. A sociedade continuará a operar o seu dia a dia, seguindo o curso normal dos negócios independentemente da aprovação daquela determinada deliberação social. A não aprovação da incorporação de uma controlada, por exemplo, salvo algum caso muito específico, normalmente não afeta o regular funcionamento da sociedade.

Nessa mesma linha de entendimento, Marcelo Dourado Cox coloca que a não aprovação de uma matéria em sede de assembleia geral de acionistas ou reunião de sócios não implicará, necessariamente, a paralização da sociedade, conforme a seguir:

---

[34] FERREIRA, Mariana Martins-Costa. *Buy or sell e opções de compra e venda para resolução de impasse societário*. São Paulo: Quartier Latin, 2018, p. 78.

> [...] um impasse societário ocorre quando não é possível atingir o quórum necessário para aprovar uma deliberação **de importância** para a Sociedade.
> A não aprovação de qualquer matéria não implicará, necessariamente, paralização de uma sociedade. Deliberações que exigem quóruns mais elevados (quórum qualificado), como alteração dos documentos societários ou alteração do tipo societário, referem-se a matérias extraordinárias que, se não aprovadas, geralmente não afetam o funcionamento da sociedade.
> Não conseguir aprovar determinadas matérias não é por si só indicativo de problemas sérios. Contudo, quando uma sociedade é incapaz de aprovar quaisquer deliberações, mesmo as sem quórum qualificado, ou as deliberações necessárias para seu regular funcionamento, esta sociedade poderá ter um sério problema de continuidade.[35] (grifo nosso)

Um impasse ou *deadlock* societário acontece, portanto, quando inexiste um consenso entre os acionistas de determinada sociedade para a aprovação de alguma matéria relevante ou até mesmo quando um dos acionistas tem uma interpretação diferente acerca de algum dispositivo do acordo de acionistas assinado entre eles que crie um conflito intransponível capaz de prejudicar o bom andamento das atividades diárias de uma determinada sociedade.

Nesse sentido, corroboramos o entendimento colocado por Judith Martins-Costa, que, ao definir a palavra "impasse", assim dispõe:

> Impasse, palavra criada por Voltaire, significa o que não tem passagem, isto é, está sem saída: não há mais passos a percorrer na manutenção de um caminho comum aos sócios. É preciso que um dos sócios saia, e é preciso regrar a saída com eficiência e em bases equitativas: podendo ambos ter a posição de parte compradora ou de parte vendedora, é possível, idealmente, atingir, quanto à fixação do valor da sociedade, um resultado ótimo do ponto de vista econômico, de modo que separações ocorrerão de forma o mais possível equilibrada e eficiente. A compra da participação societária será feita pela parte que mais a valorar, garantindo-se, todavia, à parte vendedora, contraprestação equitativa.

---

[35] Cox, Marcelo Dourado. *Deadlock provisions*: resolução contratual de conflitos societários. São Paulo: Almedina, 2017, p. 23.

> Impasses societários ocorrem quando o desacordo entre as partes sobre alguma **diretriz fundamental aos seus negócios** não pode ser resolvido devido à ausência de maioria de votos ou de unanimidade, com o que — mormente nas companhias em que o controle é compartilhado entre dois sócios — podem ser criados **problemas verdadeiramente sérios**.[36] (grifos nossos)

Evidentemente que, em sociedade na qual exista apenas um acionista controlador, o qual tem poder de voto para aprovar todas as matérias de forma unilateral, o surgimento de um impasse torna-se praticamente impossível.

Poderá, porém, surgir um impasse ou *deadlock* societário nos casos em que exista um grupo de controle ou bloco de acionistas da sociedade vinculado por acordo de voto, caso em que o impasse provavelmente ocorrerá em sede de reunião prévia.

Nesses casos, ao acionista minoritário não restará outra alternativa a não ser conformar-se, ou, caso a decisão envolva alguma matéria descrita no artigo 137[37] da Lei das S/A ou no artigo 1.077[38] do Código Civil,

---

[36] MARTINS-COSTA, Judith. Op. cit., p. 539.
[37] "Art. 137. A aprovação das matérias prevista nos incisos I a VI e IX do art. 136 dá ao acionista dissidente o direito de retirar-se da companhia, mediante reembolso do valor das suas ações (art. 45), observadas as seguintes normas: I — nos casos dos incisos I e II do art. 136, somente terá direito de retirada o titular de ações de espécie ou classe prejudicadas; II — nos casos dos incisos IV e V do art. 136, não terá direito de retirada o titular de ação de espécie ou classe que tenha liquidez e dispersão no mercado, considerando-se haver: a) liquidez, quando a espécie ou classe de ação, ou certificado que a represente, integre índice geral representativo de carteira de valores mobiliários admitido à negociação no mercado de valores mobiliários, no Brasil ou no exterior, definido pela Comissão de Valores Mobiliários; e b) dispersão, quando o acionista controlador, a sociedade controladora ou outras sociedades sob seu controle detiverem menos da metade da espécie ou classe de ação; III — no caso do inciso IX do art. 136, somente haverá direito de retirada se a cisão implicar: a) mudança do objeto social, salvo quando o patrimônio cindido for vertido para sociedade cuja atividade preponderante coincida com a decorrente do objeto social da sociedade cindida; b) redução do dividendo obrigatório; ou c) participação em grupo de sociedades; IV — o reembolso da ação deve ser reclamado à companhia no prazo de 30 (trinta) dias contado da publicação da ata da assembleia geral; V — o prazo para o dissidente de deliberação de assembleia especial (art. 136, §1º) será contado da publicação da respectiva ata; VI — o pagamento do reembolso somente poderá exigido após a observância do disposto no §3º e, se for o caso, da ratificação da deliberação pela assembleia geral. §1º O acionista dissidente de deliberação da assembleia, inclusive o titular de ações preferenciais sem direito de voto, poderá exercer

exercer o seu direito de retirada da sociedade. Já em uma sociedade na qual o controle é compartilhado, o impasse pode surgir de forma mais natural e frequente.

São, portanto, as matérias relevantes — as quais, se não aprovadas em consenso pelos acionistas, podem engessar e prejudicar o bom andamento dos negócios de uma determinada sociedade, acarretando um posterior problema de continuidade da empresa — que deveriam ser objeto ensejador do exercício da cláusula *shotgun* por um dos acionistas, conforme veremos a seguir.

1.2.3.1.1 Matérias relevantes

Como visto na seção 1.2.2, para restar configurado o compartilhamento de controle em uma determinada sociedade, deve haver a efetiva ingerência do acionista na administração e orientação dos negócios da sociedade, através da repartição do poder de controle.

Tal repartição do poder de controle pode se dar de diversas formas; uma delas é o compartilhamento do poder de controle através de veto, conferido a determinado acionista, relacionado às matérias cuja relevância pode, se não houver consenso acerca de sua aprovação em assembleia geral ou reunião de sócios, engessar o andamento saudável da sociedade, surgindo, destarte, o impasse, ou *deadlock* societário, como visto nas seções 1.2.3 e 1.2.3.1.

---

o direito de reembolso das ações de que, comprovadamente, era titular na data da primeira publicação do edital de convocação da assembleia, ou na data da comunicação do fato relevante objeto da deliberação, se anterior. §2º O direito de reembolso poderá ser exercido no prazo previsto nos incisos IV ou V do *caput* deste artigo, conforme o caso, ainda que o titular das ações tenha se abstido de votar contra a deliberação ou não tenha comparecido à assembleia. §3º Nos 10 (dez) dias subsequentes ao termino do prazo de que tratam os incisos IV e V do *caput* deste artigo, conforme o caso, contado da publicação da ata da assembleia geral ou da assembleia especial que ratificar a deliberação, é facultado aos órgãos da administração convocar a assembleia geral para ratificar ou reconsiderar a deliberação, se entenderem que o pagamento do preço do reembolso das ações aos acionistas dissidentes que exerceram o direito de retirada porá em risco a estabilidade financeira da empresa. §4º Decairá do direito de retirada o acionista que não o exercer no prazo fixado."

[38] "Art. 1.077. Quando houver modificação do contrato, fusão da sociedade, incorporação de outra, ou dela por outra, terá o sócio que dissentiu o direito de retirar-se da sociedade, nos trinta dias subsequentes à reunião, aplicando-se, no silêncio do contrato social antes vigente, o disposto no artigo 1.031."

Nelson Eizerik, Ariádna B. Gaal, Flávia Parente e Marcus de Freitas Henriques apontam, com bastante acerto, modalidades de cláusulas constantes em acordo de acionistas, as quais podem caracterizar o compartilhamento do poder de controle:

> O mais das vezes, caracterizam o controle compartilhado as seguintes modalidades de cláusulas constantes do acordo de acionistas:
> (a) acordo de voto conjunto para determinadas matérias, que somente podem ser objeto de aprovação, em assembleia geral ou em reunião de conselho de administração, se aprovadas em reunião prévia dos integrantes do acordo de acionistas;
> (b) direito de preferência para aquisição das ações do signatário que deseja retirar-se da companhia;
> (c) direito de eleger um número determinado de membros da diretoria e do conselho de administração;
> (d) necessidade de aprovação, por parte de todos ou de maioria qualificada dos signatários, para o ingresso de novos sócios; e
> (e) direito de veto sobre matérias relevantes para o desenvolvimento dos negócios da companhia, como aumento do capital, distribuição de dividendos, investimentos ou empréstimos acima de certo valor, incorporação, fusão e cisão etc.
> No entanto, o simples fato de existir um acordo de voto entre um acionista ou grupo majoritário e um acionista minoritário relevante, a fim de assegurar determinados direitos especiais a tal minoritário, não implica necessariamente que o controle esteja sendo exercido de forma compartilhada.[39]

Nesse sentido, além do compartilhamento do poder de controle, pode um acionista, inclusive acionista minoritário ou até mesmo investidor, atuar na sociedade com poderes de veto para determinadas matérias relevantes que permitam que tal acionista tenha uma maior influência significativa no dia a dia da sociedade.

Existem também matérias cujo direito de veto do acionista minoritário confere apenas uma proteção ao direito de minoria, e que não têm

---

[39] EIZIRIK, Nelson; GAAL, Ariádna B.; PARENTE, Flávia; HENRIQUES, Marcus de Freitas. Op. cit., p. 369.

uma influência significativa na vida societária, nem afetam diretamente o andamento e a orientação dos negócios sociais.

Nesse sentido, Marcelo Dourado Cox destaca a importância da definição em acordo de acionistas dos tipos de conflitos com potencialidade para tornar a cláusula *shotgun* exercível, conforme apresentado a seguir:

> É muito importante definir com clareza que tipos de conflitos poderão tornar a cláusula exercível. Sugere-se que a cláusula só seja aplicada para conflitos considerados materiais pelos sócios.
>
> Como a cláusula de compra e venda forçada leva à exclusão de um dos sócios da sociedade, tendo, portanto, um efeito extremo muito semelhante à dissolução parcial da sociedade, não seria razoável ou desejável (ainda que seja possível) que referida cláusula fosse aplicável em situações de baixa materialidade.
>
> Essa cautela tem por objetivo dificultar situações nas quais um sócio se sinta incentivado a criar um conflito que ordinariamente não existiria, de forma a poder utilizar essa cláusula e ou sair da sociedade ou expulsar um de seus sócios.[40]

Destarte, entendemos que as matérias cujo poder de veto conferem uma proteção ao direito do minoritário e até mesmo uma pequena influência significativa, mas que não confiram de fato o compartilhamento do poder de controle da sociedade, não deveriam ter a força necessária para gerar impasses instransponíveis atuando como gatilhos (*triggers*) para o exercício da cláusula *shotgun*.

O ideal é que as matérias relevantes e que tenham potencial para desencadear o exercício de uma cláusula *shotgun* por qualquer dos acionistas em virtude de um impasse societário sejam previamente definidas e reguladas no acordo de acionistas, evitando-se que qualquer impasse seja motivo para desencadear o exercício de cláusula *shotgun* por um dos acionistas.

Adicionalmente, a definição das matérias relevantes no próprio acordo de acionistas evitará que haja um estímulo à utilização de um impasse qualquer como desculpa para a execução da cláusula *shotgun* por um dos acionistas que, por exemplo, pretenda adquirir a participação dos outros

---

[40] Cox, Marcelo Dourado. Op. cit., p. 52.

acionistas ou provocar sua própria saída da sociedade, o que seria ainda mais grave no caso da existência de alguma assimetria que colocasse um dos acionistas em condição de desvantagem em relação ao outro, conforme trataremos mais adiante na seção 2.5.1.2.4, ao falarmos das potenciais assimetrias relacionadas ao uso da cláusula *shotgun* em acordo de acionistas.

Obviamente, a definição das matérias mais relevantes, capazes de desencadear a execução da cláusula *shotgun* por um dos acionistas, pode variar de acordo com o tipo específico de operação de cada sociedade e de seu objeto social, e, portanto, deve ser decidida caso a caso.[41]

De qualquer maneira e apenas a título ilustrativo, podem ser consideradas como relevantes, cuja discordância entre acionistas possa vir a

---

[41] Nesse sentido Judith Martins-Costa, ao propor uma redação modelo de uma variante da cláusula *shotgun* em um acordo entre membros de uma *joint venture*, inclui a menção à definição do que será considerado "Matérias Relevantes", conforme a seguir transcrito: "Cláusula V. Da Resolução de Impasse. Em caso de Impasse entre o membro indicado pelo Grupo A e os membros indicados pelo Grupo B em **Matérias Relevantes** [grifo nosso], conforme definido na Cláusula I (Das Definições), qualquer Grupo poderá solicitar a instalação de *Buy or Sell* que funcionará da seguinte forma: (i) O representante de qualquer Grupo enviará notificação para o representante do outro Grupo, com designação de reunião, com pelo menos 30 (trinta) dias de antecedência, e local, que deverá ser na cidade de Canela, Rio Grande do Sul. (ii) Na referida reunião, os representantes dos Grupos deverão comparecer pessoalmente ou por meio de representantes devidamente habilitados, com poderes específicos para participarem da respectiva reunião e para negociarem. Caso algum representante dos Grupos não compareça a reunião marcada nos termos deste item, incorrerá em multa equivalente a R$ 20.000.000,00 (vinte milhões de reais) em favor do outro Grupo, sem prejuízo da necessidade de ressarcimento por todos os prejuízos e danos causados e da possibilidade de convocação de nova reunião. (iii) Aberta a reunião pelo representante do Grupo que realizou a convocação, os representantes dos Grupos estarão vinculados e obrigados a adquirirem ou a venderem todas as Ações de titularidade do respectivo Grupo. (iv) Inicialmente o representante do Grupo A fará uma oferta para adquirir a totalidade das Ações pertencentes ao Grupo B. Em seguida, o representante do Grupo B ou aceitará a oferta ou fará uma oferta por valor superior para adquirir a totalidade das Ações pertencentes ao Grupo A. O representante do Grupo A, por sua vez, ou aceitará a oferta ou fará uma oferta por valor superior para adquirir a totalidade das Ações pertencentes ao Grupo B. Esse procedimento ocorrerá de forma alternada e sucessiva até que o representante do Grupo A ou o representante do Grupo B aceite a proposta ou se negue a fazer uma contraproposta por valor superior ao da última oferta, caso no qual terá, obrigatoriamente, que vender todas as Ações ao ofertante, realizando o pagamento em dinheiro, em vinte dias após encerrada a reunião, sob pena da incidência de multa equivalente a 10% sobre o valor da venda e sem prejuízo da possibilidade de tutela específica da obrigação." (MARTINS-COSTA, Judith. Op. cit., p. 540).

ensejar um *deadlock* societário, afetando o bom andamento do dia a dia da sociedade, as seguintes matérias:

a) Eleição e destituição dos administradores;
b) Aprovação do orçamento;
c) Aumento de capital, quando necessário para o financiamento das atividades sociais, notadamente quando esgotadas outras fontes de financiamento; e
d) Investimentos essenciais para manutenção ou modernização de máquinas, equipamentos e instalações.

1.2.3.1.2 Quebra da *affectio societatis*

Como dito anteriormente, para dar ensejo ao exercício da cláusula *shotgun* por um dos acionistas, a situação de impasse deverá ser de grande relevância, ou seja, deverá haver um *deadlock* societário que inviabilize a conciliação entre os acionistas, os quais não conseguem chegar a um denominador comum acerca de determinada matéria, que efetivamente coloque em risco a continuidade do negócio. A perpetuação da situação de impasse societário, não raro, afeta a relação de *affectio societatis* entre os sócios de sociedade de pessoas, como também entre acionistas de sociedade anônima de capital fechado, conforme expomos a seguir.

Note-se que, ao falarmos em *affectio societatis*, propomos o uso da expressão em seu significado jurídico conforme proposto pelo moderno direito societário, abrangendo, portanto, o conceito de "fim social" ou de "fim comum", assim como a sua interação com os deveres de lealdade, colaboração e contribuição social.

Tradicionalmente, as cortes judiciais brasileiras mantêm entendimento de que a relação de *affectio societatis* entre sócios é elemento subjetivo da máxima relevância para a formação de sociedades nas quais o vínculo societário não decorre tão somente da intenção de se obter lucro, mas também da relação de confiança e cooperação que une os sócios, daí concluir-se que tal elemento subjetivo é muito mais comum nas sociedades de caráter pessoal (sociedades de pessoas), para as quais a confiança, a afinidade, a intimidade e os atributos morais e pessoais entre seus sócios constituem os fatores que preponderam e são indispensáveis para o bom andamento dos negócios e da própria sociedade.

Contudo, a jurisprudência pátria reconhece a possibilidade de haver *affectio societatis* entre acionistas de sociedades anônimas de capital fechado e, nesse sentido, admite a possibilidade jurídica de dissolução parcial de sociedade anônima fechada, na qual prepondere o liame subjetivo entre os acionistas, ao fundamento de quebra da *affectio societatis*, conforme bem retrata o trecho do voto da relatora Ministra Nancy Andrighi no recurso especial transcrito, a título exemplificativo:

> Conquanto não haja previsão legal para a dissolução parcial de sociedade anônima na legislação de regência, a existência de empresas organizadas sob essa forma societária porém com notória preponderância do *intuito personae*, exige do julgador a interpretação integrativa a fim de possibilitar a realização do princípio da preservação da empresa. Isso porque, no Brasil, a adoção desse tipo societário por pequenas e médias empresas familiares encontra-se relacionada unicamente a sua estrutura mais moderna e dinâmica, sem prejuízo do vínculo pessoal entre os sócios.
> Assim, a reunião de acionistas em torno de interesses convergentes torna a harmonia entre os sócios imprescindível à operacionalidade dessas empresas. Em outras palavras, em se tratando de companhia familiar, ou sociedade formada a partir da nítida convergência pessoal dos sócios, o regular desenvolvimento da atividade empresarial se mostra umbilicalmente atrelado à manutenção da *affectio societatis*, isto é, na confiança recíproca entre os sócios.
> Desse modo, o desentendimento entre os acionistas, conforme o grau, poderá inviabilizar o negócio, equiparando a ruptura da *affectio societatis* à causa suficiente para a dissolução, prevista no art. 206, II, "b", da Lei n. 6.404/76 – LSA, qual seja, a impossibilidade de a sociedade cumprir seu fim. Nessa ordem de ideias, a jurisprudência do STJ, desde o julgamento do EResp 111.294/PR, Segunda Seção, DJ 10/09/2007, reconheceu a possibilidade jurídica da dissolução parcial de sociedade anônima fechada, em que prepondere o liame subjetivo entre os sócios, ao fundamento de quebra da *affectio societatis*. Esse entendimento, inclusive, foi objeto de novos e ricos debates, permanecendo íntegro o mesmo raciocínio no âmbito da Segunda Seção. (EResp 419.174/SP, DJ 04.08.2008; EResp 1079763/SP, DJe 06/09/2012)[42]

---

[42] BRASIL. Superior Tribunal de Justiça. *Recurso Especial n. 1.400.264/RS (2013/0284036-0)*. Rel. Min. Nancy Andrighi, j. 24 out. 2017. Disponível em: https://ww2.stj.jus.br/websecstj/

Interessante, nesse sentido, trazer a definição de Erasmo Valladão Azevedo e Novaes França em estudo elaborado em conjunto com Marcelo Vieira Von Adamek, para quem a *affectio societatis* "é um *consensus*, mas não instantâneo e sim prolongado; um estado de ânimo continuativo, a perseverança no mesmo acordo de vontades":

> A origem da expressão *affectio societatis* encontra-se no Direito Romano, e de modo mais específico em famoso texto de Ulpiano (Dig., L. 17, Tít. II, 31). Nesta fonte, porém, a *affectio societatis* (*affectione societatis*) não aparece como elemento próprio e exclusivo da sociedade, mas como um traço distintivo da sociedade em relação à comunhão ou condomínio. O que sucedeu, porém — segundo explica Fábio Konder Comparato —, foi que "uma certa doutrina resolveu, posteriormente tomá-lo por diferença específica do contrato de sociedade, perdendo-se em falsos caminhos que não deixaram de ser denunciados pelos autores contemporâneos: a *affectio societatis* confundir-se-ia com os demais elementos do contrato social, vale dizer, a contribuição dos sócios com esforços ou recursos para a consecução de determinado resultado, visando à partilha dos lucros ou perdas". Não se pode, porém, tomar a expressão no contexto da sentença de Ulpiano, por mais do que ela aí significa. Se a *affectio societatis* é como elemento distintivo em relação ao estado de comunhão, nem por isso se pode daí inferir que ela só existiria, enquanto *affectio*, no contrato de sociedade. Ao contrário, as fontes empregam o mesmo vocábulo tanto em matéria de matrimônio quanto de posse. Como explicou Arangio-Ruiz, a *affectio* é um *consensus*, mas não instantâneo e sim prolongado; um estado de ânimo continuativo, a perseverança no mesmo acordo de vontades.[43]

Embora nada impeça que os acionistas prevejam a possibilidade de exercer a cláusula *shotgun* em qualquer tipo de disputa societária, seja ela um impasse materialmente relevante ou não, parece-nos que a sua aplicação em situações que não ensejam maiores riscos à sociedade e que não indiquem ter havido a quebra da *affectio societatis*, na sua

---

cgi/revista/REJ.cgi/ITA?seq=1652229&tipo=0&nreg=201302840360&SeqCgrmaSessao=&CodOrgaoJgdr=&dt=20171030&formato=PDF&salvar=false. Acesso em: 26 maio 2020.

[43] Novaes França, Erasmo Valladão Azevedo. *Temas de direito societário, falimentar e teoria da empresa*. São Paulo: Malheiros, 2009, p. 27-68.

acepção mais ampla de ânimo de continuidade, conforme demonstrado anteriormente, poderia ser questionada em juízo pelo acionista que se vir na obrigação de ter que comprar ou vender suas participações societárias, levando insegurança à sociedade, em resultado contrário ao inicialmente pretendido.

Portanto, torna-se de extrema relevância a definição clara no acordo de acionistas da materialidade do impasse societário que atuaria como um gatilho (*trigger*) para disparar, ativar, o exercício da cláusula *shotgun* por um dos acionistas.

2. Cláusula *shotgun*

O presente capítulo tem como objetivo a análise jurídico-dogmática, apresentando a definição e as principais características da cláusula *shotgun* com base em parâmetros sugeridos pela doutrina clássica nacional, assim como listar os principais efeitos decorrentes do seu exercício por um dos acionistas envolvidos em um impasse societário materialmente relevante. Posteriormente, será analisada a aplicabilidade, assim como a natureza jurídica e a qualificação da cláusula *shotgun*.

2.1 Redação clássica

A despeito de a cláusula *shotgun* ser considerada uma cláusula versátil, com diversas possibilidades e variantes para a sua redação em um acordo de acionistas, para facilitar o raciocínio no presente trabalho tratamos da cláusula *shotgun* em sua redação clássica, como modelo-padrão para análise, qual seja: na ocorrência de uma disputa societária em virtude de um impasse materialmente relevante e intransponível, um dos acionistas oferece uma proposta para adquirir a participação societária do outro acionista, cabendo a este outro acionista a decisão final, podendo aceitar vender pelo preço e condições estipulados na oferta recebida ou comprar a participação societária do acionista que apresentou a oferta de compra pelo preço e condições estipulados na proposta apresentada.

Com base nesse modelo-padrão de redação, estudaremos a cláusula *shotgun* nas próximas seções e capítulos deste trabalho. Analisaremos as principais características da cláusula *shotgun*, sua aplicabilidade, natureza jurídica e qualificação, vantagens e desvantagens, e as patologias que podem ensejar o questionamento da validade ou da eficácia da cláusula.

2.2 Definição e principais características

Baseando-se na redação clássica padrão mencionada na seção 2.1, a cláusula *shotgun* pode ser definida como uma opção recíproca de compra e venda forçada com inversão do poder decisório sobre a posição subjetiva,[44] pela qual — desde que ocorridas determinadas circunstâncias descritas no acordo de acionistas, caracterizando um impasse societário materialmente relevante e intransponível que, se não resolvido, afetará o regular funcionamento da sociedade — qualquer dos acionistas poderá exercer, ativar, a aplicação da cláusula.

Para Judith Martins-Costa, trata-se a cláusula *shotgun* de um mecanismo contratual por meio do qual:

> Por via consensual determina-se que cada uma das partes tem a possibilidade de deslanchar o processo que concluirá pela saída de um dos sócios, por via ou da compra, ou da venda — por uma ou por outra parte — da totalidade das ações do outro sócio, tendo por efeito conduzir à extinção da relação societária.[45]

Na cláusula *shotgun*, um dos acionistas faz uma oferta para a venda ou compra da sua participação societária ("Acionista Ofertante") ao outro acionista ("Acionista Ofertado"), cabendo ao Acionista Ofertado a decisão sobre comprar a participação societária do Acionista Ofertante ou vender a sua participação pelo valor e condições estipulados na oferta. No silêncio do Acionista Ofertado, prevalecerá a oferta do Acionista Ofertante, que será vinculante para o Acionista Ofertado.

Nesse sentido, atribui-se à cláusula *shotgun* características de irrevogabilidade e irretratabilidade, posto que, uma vez devidamente inserida em acordo de acionistas, ocorrendo o impasse societário e existindo as condições e pressupostos definidos para atuarem como gatilho para

---

[44] Ou seja: o sujeito que faz a proposta de compra ou venda da participação societária não é quem decidirá se estará na posição de comprador ou vendedor.
[45] MARTINS-COSTA, Judith. Op. cit., p. 538.

o exercício da opção recíproca de compra e venda forçada com inversão do poder decisório sobre a posição subjetiva, caso um dos acionistas exerça o mecanismo, notificando o outro acionista a respeito de sua intenção de comprar as ações do outro acionista ou vender suas ações, ambos os acionistas são obrigados de forma irrevogável e irretratável a cumprir a parte que lhe cabe para o exercício da cláusula *shotgun*. Esse entendimento é corroborado por Daniel Rivorêdo Vilas Boas ao tratar de compromisso para a compra de participação societária assumido por sócios de sociedade empresária limitada:

> Para evitar que a disposição contratual se frustre, o compromisso assumido previamente de compra das cotas não poderá ser desfeito, já que celebrado em caráter irretratável e irrevogável. Além disso, a forma de pagamento deve ser previamente disciplinada no contrato, vinculando-se ambos os sócios a ela, evitando-se a divergência de critérios das propostas no tocante a este aspecto.
> Tais circunstâncias conduzem o impasse necessariamente a uma solução, com o acerto inexorável do fim da convivência societária, dando-se a composição financeira a partir de parâmetros de mercado que os próprios sócios definirão.[46]

Carlos Augusto da Silveira Lobo se refere à cláusula *shotgun* como sendo um acordo de comprar ou vender, conforme apresentado a seguir:

> Acordo de Comprar ou Vender — Frequentemente referido como *buy-or-sell*, é negócio bilateral em que qualquer das partes pode oferecer à outra comprar as ações por esta possuídas, ou vender-lhe suas ações pelo mesmo preço unitário e as mesmas condições de pagamento aplicáveis tanto à compra quanto à venda. A parte que recebe a oferta fica obrigada, à sua escolha, ou a comprar da ofertante ou a vender-lhe suas ações nos termos da oferta. Essa cláusula é utilizada para resolver impasses ou dissolver associações quando se rompe a *affectio societatis*, mas tem o efeito de favorecer a parte que tiver mais recursos e maior liquidez

---

[46] VILAS BOAS, Daniel Rivorêdo. O litígio entre sócios de sociedade limitada de participações igualitárias. *In*: BOTREL, Sérgio (coord.). *Direito societário*: análise crítica. São Paulo: Saraiva, 2012, p. 241-250.

para pagar o preço. Segundo as estipulações do acordo, a oferta pode ser feita a qualquer tempo, dentro de prazo, ou ocorrendo condição preestabelecida.[47]

De qualquer forma, um dos acionistas será necessariamente obrigado a comprar e o outro será obrigado a vender a sua participação societária, e a decisão sobre a compra ou a venda da participação societária restará nas mãos do Acionista Ofertado, e não do Acionista Ofertante, razão pela qual optamos por utilizar no presente livro a denominação *cláusula de opção recíproca de compra e venda forçada com inversão do poder decisório sobre a posição subjetiva*, ou *cláusula shotgun*.

Note-se que, não obstante eventuais discussões sobre o conteúdo da primeira notificação do Acionista Ofertante, se de venda ou de compra, o resultado final será sempre próximo ao descrito no parágrafo anterior, ou seja, sempre haverá uma compra ou uma venda forçada e a decisão de comprar ou vender a participação societária caberá ao Acionista Ofertado, atribuindo-se à cláusula uma característica de imprevisibilidade.

A cláusula *shotgun*, ao ser exercida, pressupõe dois efeitos: (i) o acionista que fizer a notificação de oferta (*triggering*), quando do exercício da cláusula, não sabe se terá a sua participação societária comprada ou vendida; e, (ii) necessariamente, um dos acionistas deixará de ser acionista da sociedade.

Jacques A. Schnabel ressalta a possibilidade de a primeira oferta ser de venda ou de compra, sem, contudo, afastar o poder decisório do Acionista Ofertado:

> Existe uma outra variante da cláusula *shotgun*, que tem sido discutida em ambos os sites de *business advisory* da empresa de auditoria e consultoria KPMG, e, no site do *The Canadian Business Financing Handbook* (1993) publicado pelo Instituto Canadense de Contadores Certificados, mas não abordado neste *paper*. Esta variação da cláusula estipula que o Sócio Ofertante atribua o valor para adquirir a participação societária do Sócio Ofertado na oferta. A rejeição da oferta pelo Sócio Ofertado desencadeia a obrigatoriedade de o Sócio Ofertante vender a sua participação societária pelo mesmo preço estipulado na oferta. Assim, ao

---

[47] LOBO, Carlos Augusto da Silveira. Acordo de Acionistas. Op. cit., p. 470.

invés de a primeira oferta estipular o valor para a venda, ela define o valor para a compra da participação societária do Sócio Ofertado.[48]

No mesmo sentido é o magistério de Roberta Nioac Prado e Angela Rita Franco Donaggio, que assim definem a cláusula *shotgun*:

> [...] em determinadas situações de impasse, o acordo pode prever um tipo de cláusula cuja estipulação se dará no sentido de que um acionista oferecerá suas ações ao outro, por determinado preço, e o outro terá a opção de comprá-las ou de vendê-las ao ofertante, por esse mesmo preço. Tal cláusula é denominada *shotgun*.[49]

Claudia Landeo e Kathryn Spier, em extenso artigo sobre o tema, reforçam a característica ínsita às cláusulas *shotgun*, consistente na segregação entre o poder de definir o preço e demais condições da oferta e o poder de decidir sobre quem efetivamente comprará ou venderá sua participação societária, nas condições estipuladas pelo Acionista Ofertante: "A cláusula *shotgun* pressupõe que um sócio defina o preço de compra ou venda na oferta, e o outro sócio é obrigado a ou comprar ou a vender a sua participação societária no valor definido na oferta."[50]

---

[48] Tradução livre de: *"There is a variant of the shotgun clause, which is discussed in both the business advisory web site of the accounting and consulting firm KPMG (KPMG (Business Advisory Services), n.d.) and the Canadian Business Financing Handbook (1993) published by the Canadian Institute of Chartered Accountants but not broached in this paper. This variation of the clause stipulates that the offeror's initial offer is to buy out the offeree's interest in business at the offer price. The offeree's rejection of this offer then triggers the reciprocal requirement that the offeror sell his interest in the business to the offeree and that the offeree buy out the offeror's interest at the same offer price. Thus, instead of the initial offer being defined as one to sell, it is defined as one to buy."* (SCHNABEL, Jacques A. *The Shotgun Clause*. Waterloo, ON, Canada: Wilfrid Laurier University, School of Business and Economics, 2008).

[49] PRADO, Roberta Nioac; DONAGGIO, Angela Rita Franco. Estratégias societárias, planejamento tributário e sucessório. *In*: PRADO, Roberta Nioac; PEIXOTO, Daniel Monteiro; DE SANTI, Eurico Marcos Diniz (coord.). *Estratégias Societárias, Planejamento Tributário e Sucessório*. São Paulo: Saraiva, 2013, p. 51.

[50] Tradução livre de: *"Under a shotgun provision, one owner names a single buy-sell price and the other owner is compelled to either buy or sell shares at that named price."* (LANDEO, Claudia M.; SPIER, Kathryn E. Shotguns and Deadlocks. *Yale Journal on Regulation*, v. 31, n. 1, p. 143-187, jan. 2014. Disponível em: https://digitalcommons.law.yale.edu/cgi/viewcontent.cgi?referer =https://www.google.com.br/&httpsredir=1&article=1381&context=yjreg. Acesso em: 20 set. 2018).

Como mencionado anteriormente, é, portanto, característica típica das cláusulas *shotgun* ter-se, de um lado, o Acionista Ofertante, ou seja aquele acionista que faz uma oferta para a venda da sua participação societária ou para a compra da participação do outro acionista, definindo o preço e demais condições da compra e venda, e, de outro, o Acionista Ofertado, que recebeu a oferta de venda ou compra, a quem caberá a decisão final e vinculante sobre comprar a participação societária do Acionista Ofertante ou vender-lhe sua participação societária pelo preço e demais condições contidas na oferta recebida.

A parte que exercer a opção de compra e venda forçada contida na cláusula *shotgun* não tem certeza se será comprada ou se terá que comprar as ações da parte que recebeu a notificação de venda ou compra pelo preço acordado. Essa escolha caberá à parte que receber a notificação do exercício da cláusula *shotgun*, o que gera imprevisibilidade com relação ao desfecho da cláusula, o que, em situações nas quais a relação entre os acionistas se dá de forma simétrica, impõe à parte ofertante a precaução de fixar o preço em condições equitativas.

De qualquer maneira e justamente pelas características inerentes à cláusula, possui ela papel fundamental como mecanismo de solução de impasses societários, e também como redutora de custos de transação. O uso da cláusula *shotgun*, ou mecanismos similares, para a solução de disputas societárias confere também uma maior segurança jurídica para acionistas, sociedade e *stakeholders*.

Isso porque, além de viabilizar a assinatura de acordos de acionistas, em relação aos quais as partes tenham receio quanto ao surgimento de impasses materialmente relevantes e intransponíveis que possam vir a colocar em risco a existência da própria sociedade, pode permitir uma solução do *deadlock* societário de forma mais célere e eficiente, na medida em que reduz a possibilidade de as partes terem que recorrer ao Poder Judiciário ou a um procedimento arbitral, com dispêndio de tempo e custo de transação altíssimo inerentes a essas alternativas para a resolução do conflito societário.

A cláusula *shotgun* pode ser redigida de diversas formas e com diversas nuances no acordo entre os acionistas. Embora traga inúmeras vantagens, algumas delas citadas anteriormente, sua utilização como mecanismo de solução de impasses societários pode também ensejar desvantagens associadas a movimentos oportunistas e com abuso de poder, que devem ser devidamente analisadas pelo profissional do direito antes de sua utilização.

2.3 Aplicabilidade

Após a exaustiva conceituação da cláusula *shotgun* nas seções anteriores do presente livro, torna-se de extrema relevância verificarmos se o direito societário brasileiro admite a sua aplicabilidade e exercício por uma das partes envolvidas em uma disputa societária.

Como já mencionado anteriormente, não há no direito brasileiro qualquer impedimento para que a cláusula *shotgun* seja utilizada em acordo de acionistas como um mecanismo contratual para a solução de impasses societários. Por outro lado, não há também qualquer previsão legal acerca desse mecanismo ou das suas formas de utilização. Podem, portanto, os acionistas de uma determinada sociedade se valerem desse mecanismo para dirimir qualquer disputa societária.

Nesse sentido, entendemos que a utilização da cláusula *shotgun* em acordos societários diversos — tais quais: contratos ou estatutos sociais, contratos de *joint ventures*, contratos de *venture capital*, acordos parassociais, acordos feitos propriamente para esse fim (*buy-sell agreements*) — é aceita e recepcionada pelo direito brasileiro, assim como os seus dispositivos, pois se trata de um negócio jurídico (contrato) bilateral que engloba uma opção de compra e venda forçada com inversão do poder decisório sobre a posição subjetiva, como veremos na seção 2.4, a seguir.

Considerando que a cláusula *shotgun* tem como fim último resolver um impasse societário, principalmente em uma relação entre acionistas que tenham um poder de controle compartilhado, conforme já tratado anteriormente, entendemos que o acordo de acionistas se apresenta como o instrumento societário mais adequado para a inserção dessa cláusula ou de qualquer outro mecanismo contratual para a resolução de disputa societária. Daí se extrai a relevância da correta aplicação da cláusula *shotgun* em acordo de acionistas, para que sirva como um mecanismo contratual de solução de disputas societárias atuando a favor dos acionistas, buscando a maximização da utilização de seus recursos, da sociedade e de seus *stakeholders*.

Como já mencionado anteriormente, alguns cuidados quando da negociação para a inclusão da cláusula *shotgun* em acordo de acionistas são essenciais para que, no futuro, quando da ocorrência de um impasse societário, a cláusula *shotgun* seja aplicada de forma eficiente e o mais equânime possível, resultando em benefício para ambas as partes e para a sociedade.

2.4 Natureza e qualificação jurídica

Esta seção tem por escopo investigar a estrutura da cláusula *shotgun*, a sua essência, com base no que dispõe o direito brasileiro. Investigam-se nesta parte do livro os elementos fundamentais que integram a cláusula *shotgun*, identificando-os, comparando-os e analisando as afinidades que porventura venham a ter com o conjunto mais próximo de figuras jurídicas existentes no direito brasileiro.

É sabido que os tempos modernos fazem com que surjam novos negócios, novas relações jurídicas contratuais e novas operações econômicas que já não são englobadas nos modelos tipificados no direito pátrio, como é o caso da cláusula *shotgun*, que contempla em si mesma diversas relações jurídicas complexas.

Para análise da essência da cláusula *shotgun* e das relações complexas englobadas por ela, teremos que nos socorrer dos conceitos que nos propõe a Teoria Geral do Direito, mais especificamente a Teoria Geral dos Contratos.

Como já afirmado anteriormente, deve o operador do direito compreender que a elaboração ou a interpretação de uma cláusula contratual em um contrato complexo, como é o caso da cláusula *shotgun* em acordo de acionistas, deverá ser feita após a compreensão dos elementos essenciais que integram a sua composição.

Nesse sentido, entendemos integrar a estrutura e fazer parte da essência da cláusula *shotgun* as seguintes figuras jurídicas: (i) direitos potestativos mútuos, vez que ambas as partes possuem direitos formativos geradores, extintivos e modificativos; (ii) negócio jurídico bilateral (contrato), posto que o acordo relacionado aos termos e condições descritos na cláusula *shotgun* é geralmente firmado entre duas partes, dois acionistas, ou entre dois acionistas que compõem um bloco de acionistas[51] de uma sociedade; (iii) opção recíproca de compra ou venda

---

[51] Para uma melhor compreensão, cumpre-nos transcrever, ainda que brevemente, entendimento dos professores Modesto Carvalhosa e Nelson Eizirik no que tange à formação de

2. CLÁUSULA *SHOTGUN*

forçada com inversão do poder decisório sobre a posição subjetiva, vez que qualquer das partes tem a opção de exercê-la, desde que estando presentes algumas condições previamente contratadas e descritas no acordo de acionistas; (iv) contrato preparatório, posto que as partes determinam algumas obrigações prévias à celebração do contrato definitivo de compra e venda de participação societária, porém, sem se obrigarem a concluir o contrato definitivo de compra e venda de participação societária em um momento futuro; (v) contrato de compra e venda de participação societária; e (vi) contrato translativo de propriedade.

Destarte, a cláusula *shotgun*, em sua redação clássica descrita na seção 2.1, comporta várias figuras jurídicas dos direitos civil e societário brasileiros, ainda mais se fizermos um corte temporal; ou seja, a qualificação jurídica da cláusula pode mudar caso, por exemplo, a análise seja feita antes ou após o exercício por uma das partes da opção de compra e venda de participação societária descrita na cláusula. A seguir, passaremos a analisar mais detalhadamente uma por uma as qualificações mencionadas e a sua correspondência com a cláusula *shotgun*.

2.4.1 Direitos potestativos mútuos

Ao analisarmos a redação clássica da cláusula *shotgun* inserida em um acordo de acionistas, podemos perceber a existência de direitos potestativos mútuos. Ambas as partes têm o direito potestativo de exercer a opção recíproca de compra e venda forçada com inversão do poder decisório sobre a posição subjetiva, dando início ao procedimento descrito na cláusula *shotgun*, que culminará com a formação do contrato de compra e venda de participação societária.

Nesse sentido, para uma melhor compreensão da qualificação proposta no presente trabalho para a cláusula *shotgun*, cumpre-nos trazer

---

bloco de acionistas: "Conforme salienta a doutrina, não há qualquer limitação legal no que respeita à forma pela qual se determinará o sentido do voto a ser proferido em bloco, podendo os acionistas convencionarem que votarão de acordo com a decisão da maioria dos acionistas pertencentes ao acordo ou mesmo na conformidade com o que um deles vier a decidir. Em regra, os acordos de voto em bloco caracterizam-se pela instituição, na respectiva convenção, de um órgão deliberativo interno, geralmente designado de 'reunião prévia', a cujas decisões todos os signatários ficam vinculados." (CARVALHOSA, Modesto; EIZIRIK, Nelson. *Estudos de direito empresarial*. São Paulo: Saraiva, 2010, p. 36).

a brilhante lição de Pontes de Miranda acerca dos diferentes tipos de direitos potestativos, conforme transcrito, *in verbis*, a seguir:

> Se atendemos a que à pessoa é dado o poder, às vezes, de influir na esfera jurídica de outrem, adquirindo, modificando ou extinguindo direitos, pretensões, ações e exceções, ressalta a existência de direitos formativos, que são espécie de direitos potestativos. Tais direitos se exercem por ato unilateral do titular, ou seja por declaração unilateral de vontade ao interessado, ou a alguma autoridade, ou seja por simples manifestação unilateral de vontade, ou seja por meio de ação [...]. As classes principais são a dos direitos formativos geradores, constitutivos ou credores, a dos direitos formativos modificativos e a dos direitos formativos extintivos.
> a) Nos direitos formativos geradores ou constitutivos estão incluídos os direitos de apropriação, que são os de adquirir o domínio ou outro direito real, pelo exercício deles. [...]. Outrossim, o poder de encher documento em branco [...]. Quem ratifica exerce direito formativo gerador.
> b) São direitos formativos modificativos: o direito de escolha, nas obrigações alternativas (art. 884); o direito de interpelar, notificar ou protestar, para constituir em mora (art. 960, 2ª alínea); o direito de substituição do terceiro, segundo o art. 1.100; o direito de estabelecer prazo para prestação; o direito do devedor de, oferecendo a coisa, constituir em mora o credor (arts. 955 e 958), inclusive se se trata de *facultas alternativa* (art. 884).
> c) São direitos formativos extintivos: o de alegar compensação, o de pedir separação judicial ou divórcio, o de requerer o levantamento do depósito em consignação (art. 977) e os mais direitos a que E. I. Beckker chamava direitos negativos. Às vezes, a eficácia extintiva é só quanto ao titular (renúncia à herança, abandono e renúncia da propriedade, renúncia de outros direitos reais). Outras vezes, opera-se na esfera jurídica de outra pessoa: direitos, pretensões e ações de decretação de nulidade ou de anulação, ou direitos e pretensões à resolução, ou à resilição ou à rescisão, ou à revogação da doação, ou à revogação dos poderes, à denúncia da locação ou da sociedade, e ações respectivas etc. Nem sempre a eficácia extintiva atinge a relação jurídica toda (decretação de nulidade, anulação, denúncia, resolução e resilição, rescisão): em muitas espécies, a eficácia extintiva só atinge algum efeito (direito, pretensão, ação,

exceção, como se dá com a alegação de compensação ou com a renúncia); noutras, a eficácia dita extintiva é só encobridora de eficácia, como se dá com as exceções.[52]

Adicionalmente, cumpre-nos trazer à baila excelente colocação de Mariana Martis-Costa Ferreira ao tratar da existência desses direitos quando analisa a qualificação jurídica da cláusula *shotgun*:

> No contrato *buy or sell* há sempre a concessão a ambas as partes de direito formativo gerador e extintivo, que tem como conteúdo a possibilidade de a parte ativar a cláusula e iniciar o procedimento *buy or sell*. Como consequência, esse direito tem o poder de gerar nova relação jurídica entre as partes, voltada à alienação da participação societária de uma das partes à outra. Além disso, terá a eficácia, ao final, de extinguir a relação societária entre as partes, haja vista que a compra e venda da participação societária gerará a saída de um dos sócios da sociedade. Em outras palavras, ambas as partes terão o direito de iniciar o procedimento e forçar a compra e venda de participação societária. Ainda quando uma das partes não queira participar do procedimento, o direito formativo gerador e extintivo tem o poder de extinguir a relação societária e criar a relação de compra e venda, pela manifestação unilateral de vontade de uma das partes.
> Em contraposição a esse direito formativo gerador e extintivo, o contrato *buy or sell* prevê o direito formativo modificativo à outra parte, em estado de sujeição com relação ao direito formativo gerador e extintivo exercido pela contraparte. O exercício do direito formativo modificador ensejará a escolha do seu titular de determinados elementos do contrato de compra e venda de participação societária, ocasionando a modificação da relação jurídica gerada pelo exercício do direito formativo gerador e extintivo.
> Cada um dos procedimentos *buy or sell* preverá distinto conteúdo ao direito formativo modificador, na medida em que poderá ensejar a modificação somente do preço ou do preço e da posição subjetiva das partes,

---

[52] PONTES DE MIRANDA, Francisco Cavalcanti. *Tratado de direito privado*: t. 5. Campinas: Bookseller, 2000, p. 281-282. [Atualizada por Vilson Rodrigues Alves].

ou ainda, somente da posição subjetiva das partes no contrato, em modificação ao proposto pela outra parte que iniciou o procedimento.[53]

Para Judith Martins-Costa, ao se fazer uma qualificação da cláusula *shotgun* chega-se à conclusão de que esta é composta por diversos direitos potestativos:

> O direito de ativar a cláusula de *Buy or Sell* é direito formativo gerador; o de optar entre comprar ou vender, é modificativo, quanto à escolha, e extintivo, quanto à relação jurídica societária. O titular que exerce o direito, verificando-se a justa causa pactuada (isto é, a situação de impasse), sujeita o outro contraente a comprar as suas ações ou a vender-lhe a totalidade das que possui. Diferentemente da *oferta a contratar*, que é negócio jurídico unilateral, podendo ou não ser aceita, pelo exercício da cláusula *Buy or Sell* o oblato resta sujeito a contratar ou a compra, ou a venda da integralidade das ações, com o fito de extinguir a relação jurídica societária.[54]

Dessa maneira, uma vez iniciado o procedimento descrito na cláusula *shotgun* inserida em um acordo de acionistas, mediante o exercício por uma das partes do seu direito potestativo gerador e extintivo, a outra parte não tem como se recusar a firmar o contrato de compra e venda de participação societária, que será a consequência natural do exercício desse direito potestativo por uma das partes.

2.4.2 Negócio jurídico bilateral (contrato)

Preceitua Pontes de Miranda que todo negócio jurídico cria uma relação jurídica, conforme se pode depreender deste trecho transcrito:

> Todo negócio jurídico cria relação jurídica, constituindo ou modificando, ou constituindo negativamente (extintividade) direitos, pretensões, ações ou exceções. Essa projeção eficacial do negócio jurídico no tempo, traça o que se há de entender criado, modificado, ou extinto — parecendo-se com a projeção eficacial das leis no tempo, porém sem que

---

[53] FERREIRA, Mariana Martins-Costa. Op. cit., p. 157-158.
[54] MARTINS-COSTA, Judith. Op. cit., p. 548.

2. CLÁUSULA *SHOTGUN*

se possa tirar dessa parecença qualquer assimilação, menos ainda identificação. O que os interessados no negócio jurídico estabelecem não é mais do que eficácia do negócio jurídico; não é, sequer, vontade que permanece, nem se há de confundir a vontade, que traçou a conduta futura e o futuro do próprio negócio jurídico, com a eficácia do negócio jurídico que aponta essa conduta e faz preestabelecido o futuro do negócio jurídico.[55]

Ao transpormos o conceito de negócio jurídico, muito bem explicado por Pontes de Miranda, na análise da estrutura da cláusula *shotgun*, torna-se fácil enxergar que a cláusula pressupõe um negócio jurídico bilateral (contrato) formador de uma relação jurídica entre as duas partes de cada polo da mencionada relação.

Todavia, existem na doutrina pátria questionamentos acerca da natureza e qualificação jurídica da cláusula *shotgun*.

Alguns autores entendem ser a cláusula *shotgun* um "negócio bilateral", e não um "contrato bilateral", como é o caso de Carlos Augusto da Silveira Lobo, que afirma expressamente tratar-se a cláusula *shotgun* de um "negócio bilateral", por ser um "acordo de comprar ou vender", conforme transcrito *ipsis litteris* a seguir:

> Negócio bilateral (não confundir com contrato bilateral) é aquele em que figuram duas partes. Partes são pólos de interesse em um negócio, podendo várias pessoas constituir uma parte. O acordo de comprar ou vender não é um contrato bilateral, porquanto não configura troca de prestações. Há um cruzamento de promessas unilaterais de contratar: Cada parte promete que, se não aceitar a oferta de compra recebida, ficará obrigada a comprar as ações da outra.[56]

Para Carlos Augusto da Silveira Lobo, a cláusula *shotgun* seria considerada um negócio, posto que, até que a opção seja exercida, e como consequência se perfaça o contrato de compra e venda decorrente do exercício da opção descrita na cláusula, a cláusula *shotgun* nada mais é do que um "acordo de comprar ou vender".

---

[55] PONTES DE MIRANDA, Francisco Cavalcanti. *Tratado de direito privado*: t. 3. Campinas: Bookseller, 2000, p. 34-35. [Atualizada por Vilson Rodrigues Alves].
[56] LOBO, Carlos Augusto da Silveira. Acordo de Acionistas. Op. cit., p. 471.

Em que pese o respeito ao posicionamento do autor supramencionado, o qual enfatiza o caráter formal e documental do contrato, entendemos que não há como se dissociar o negócio jurídico bilateral do contrato, tendo em vista ser o contrato essencialmente um negócio jurídico bilateral resultante da convergência da vontade de duas partes independentemente da sua formalização, como bem afirma Orlando Gomes em diversas passagens de sua clássica obra "Contratos".[57]

Mais ainda, para Orlando Gomes o contrato é um acordo destinado a regular interesses. Integradas as vontades de cada parte, dá-se o acordo, que consiste na junção de duas declarações distintas e coincidentes. Para a conclusão do contrato é preciso o intercâmbio das declarações das partes, precedido, frequentemente, de negociações preliminares, tornando-se o contrato perfeito e acabado no momento em que nascer o vínculo entre as partes:

> O contrato consensual torna-se perfeito e acabado no momento em que nasce o vínculo entre as partes.
>
> Para a sua formação, são necessárias duas ou mais declarações de vontade que se encontrem emitidas por duas ou mais partes, ou a atuação da vontade do oblato.
>
> As declarações devem ser coincidentes. [...]. Importa, apenas, o intercâmbio, o concurso, o acordo de vontades.
>
> Por vezes, as declarações se emitem sem poder determinar a precedência, formando-se o contrato instantaneamente. Outras vezes medeia entre uma e outra um lapso de tempo, mesmo entre presentes.
>
> Cada declaração de vontade toma, na formação do contrato, denominação peculiar e é submetida a regras específicas.
>
> A declaração inicial, que visa suscitar o contrato, chama-se proposta ou oferta. Quem a emite é denominado proponente ou policitante. A declaração que lhe segue, indo ao seu encontro, chama-se aceitação, designando-se aceitante ou oblato o declarante.
>
> Proposta e aceitação não constituem negócios jurídicos, classificando-se como atos pré-negociais, de efeitos prefigurados na lei.

---

[57] Vide GOMES, Orlando. *Contratos*. 26. ed. Rio de Janeiro: Forense, 2007, p. 53. [Revisada, atualizada e aumentada de acordo com o Código Civil de 2002 por A. Junqueira de Azevedo e Francisco Paulo de Crescenzo Marino. Coordenado por Edvaldo Brito].

São, entretanto, declarações receptícias de vontade, somente eficazes no momento em que chegam ao conhecimento da pessoa a quem se dirigem. O vínculo contratual nasce quando a proposta e a aceitação se integram. Nos contratos reais, o momento da conclusão é o da entrega da coisa e nos contratos solenes o da declaração da vontade no instrumento exigido para a sua validade. Bem é de ver, no entanto, que o acordo das partes é, nas duas hipóteses, essencial.[58]

Importante mencionar o conceito de *transação* proposto por Pontes de Miranda, o que reforça o entendimento de que a cláusula *shotgun* pressupõe a formação de um negócio jurídico bilateral (contrato), qual seja: "A transação é instituto de direito material, negócio jurídico bilateral (contrato); consiste na concessão recíproca, pela qual se põe termo a litígio, ou à incerteza (subjetiva) das partes (= discrepância), quanto a alguma ou algumas relações jurídicas."[59]

Pressupõe, destarte, a cláusula *shotgun* a formação de um contrato bilateral ou sinalagmático,[60] que se constitui mediante concurso de vontades. Em referida cláusula já ficam pré-acordados os termos e condições aplicáveis quando do exercício da opção recíproca de compra e venda por uma das partes. Nesse sentido, continuamos a concordar com os valiosos ensinamentos de Orlando Gomes ao afirmar que "O contrato é o negócio jurídico formado mediante concurso de vontades. **O contrato é o negócio jurídico bilateral por excelência**. Todo contrato, com efeito, é, por definição, negócio bilateral, visto que supõe declarações coincidentes de vontades"[61] (grifo nosso).

Ainda em concordância com o posicionamento do ilustre autor Orlando Gomes anteriormente relatado, entendemos, portanto, que pressupõe a cláusula *shotgun* um "contrato bilateral", pelo qual as partes se obrigam a transferir um bem de propriedade de uma das partes (acionista ou sócio vendedor) — qual seja, as ações ou quotas da sociedade — como contraprestação ao pagamento do preço pela outra parte

---

[58] GOMES, Orlando. Op. cit., p. 52-68.
[59] PONTES DE MIRANDA, Francisco Cavalcanti. *Tratado de direito privado*: t. 3. Op. cit., p. 63.
[60] Conforme classificação sugerida por Orlando Gomes, "os contratos são divididos em bilaterais ou sinalagmáticos e unilaterais" (GOMES, Orlando. Op. cit., p. 83).
[61] GOMES, Orlando. Op. cit., p. 84.

(acionista ou sócio comprador), ainda que o efeito da cláusula *shotgun* seja procrastinado no tempo.

Uma vez inserida a cláusula *shotgun* em acordo de acionistas ou em acordo de sócios, considera-se que as condições para a compra e venda das ações ou quotas tenham sido previamente acordadas e consentidas pelos acionistas ou sócios, sendo que o exercício da opção recíproca de compra e venda forçada com inversão do poder decisório sobre a posição subjetiva por um dos acionistas ou sócios dará ensejo à execução do contrato de compra e venda de participação societária nos termos ali pactuados.

Não resta dúvida alguma de que a cláusula *shotgun* pressupõe a existência de uma "opção recíproca de compra e venda" forçada com inversão do poder decisório sobre a posição subjetiva, opção essa que passaremos a analisar na seção 2.4.4.

2.4.3 Contrato preparatório ou contrato preliminar?

Ao analisarmos a cláusula *shotgun* quando inserida no acordo de acionistas em momento anterior ao exercício da opção recíproca de compra e venda forçada com inversão do poder decisório sobre a posição subjetiva, surge uma dúvida com relação à sua qualificação jurídica: seria a cláusula *shotgun* uma espécie de contrato preparatório ou um contrato preliminar vinculado ao contrato futuro de compra e venda de participação societária?

Para uma melhor compreensão do tema, cumpre-nos trazer para o presente trabalho os conceitos dos institutos referidos, posto que surge a dúvida se na estrutura da cláusula *shotgun* não se afigura, portanto, uma promessa de compra e venda, um contrato preliminar, ao invés de um contrato preparatório, vez que todos os termos e condições do negócio jurídico bilateral já se encontram ali definidos.

Mais ainda, alguns autores, como Darcy Bessone,[62] inclusive questionam qual seria a função econômico-social do contrato preliminar e por que as partes, ao invés de firmarem um contrato preliminar, não firmam de uma vez por todas o contrato definitivo?

Conforme preceitua Pontes de Miranda: "[...]. O negócio jurídico do pré-contrato é sujeito às mesmas regras de existência, validade (absoluta

---

[62] BESSONE, Darcy. *Do contrato*: teoria geral. Rio de Janeiro: Forense, 1987, p. 68.

e relativa) e eficácia que o contrato mesmo. Aqui todos os princípios da Parte Geral, concernentes a negócios jurídicos e a negócios jurídicos bilaterais, intervêm."[63]

Tem o contrato preliminar um caráter instrumental e representa a declaração de vontade das partes com relação à celebração de um contrato futuro, como demonstram Wanderley Fernandes e Jonathan Mendes Oliveira:

> Essa questão nos reconduz à indagação feita por Darcy Bessone quanto à utilidade do contrato preliminar. Se o contrato preliminar representa a declaração de uma vontade presente quanto à celebração de um contrato futuro, por que não celebrá-lo somente no futuro ou, simplesmente, celebrá-lo de imediato sem a dupla declaração de vontade? O próprio Bessone responde: "As partes não recorrem à complicação do duplo contrato, movidas, apenas, pelo gosto de se onerarem com múltiplas obrigações, mas atentas ao escopo de evitar, no presente, as consequências jurídicas da convenção definitiva".[64]
>
> Assim expresso, o contrato preliminar reveste-se da característica de um contrato de segurança, ou seja, busca assegurar a efetiva realização de um negócio que, por alguma razão, não pode concluir-se em toda a sua completude em dado momento, seja em função de algum aspecto formal, seja em decorrência de uma certa indeterminação de alguns de seus elementos naturais ou acidentais. Em suma, embora o contrato preliminar não tenha uma função social típica, é inegável que tem por função social e econômica conferir segurança para as partes durante o processo de formação de uma relação contratual definitiva.[65]

Nasce, portanto, o contrato preliminar em função do contrato definitivo, devendo conter em sua redação todos os elementos essenciais do respectivo contrato definitivo.

---

[63] PONTES DE MIRANDA, Francisco Cavalcanti. *Tratado de direito privado*: t. 13. Campinas: Bookseller, 2000, p. 193-194. [Atualizada por Vilson Rodrigues Alves].
[64] BESSONE, Darcy. Op. cit., p. 68.
[65] FERNANDES, Wanderley; OLIVEIRA, Jonathan Mendes. Contrato preliminar: segurança de contratar. *In*: FERNANDES, Wanderley (coord.). *Contratos empresariais*: fundamentos e princípios dos contratos empresariais. São Paulo: Saraiva, 2007, p. 277-278.

Assim, o contrato preliminar tem como escopo primordial garantir que o contrato definitivo seja firmado. Tal contrato é celebrado apenas quando as partes se comprometem a firmar um contrato definitivo ulterior, ficando as partes vinculadas à continuidade do negócio.

Esse elemento fundamental da vinculação ao contrato definitivo é o que difere o contrato preliminar do contrato preparatório. Falta ao contrato preparatório, portanto, força vinculante.

A fim de incrementar o estudo, cumpre-nos trazer o conceito de contrato preparatório, ou "acordo provisório e preparatório",[66] admissível em um "contexto de autonomia privada e de liberdade contratual",[67] como leciona Orlando Gomes neste trecho transcrito:

> Se bem que não estejam previstos no Código Civil, os *acordos provisórios e preparatórios* são admissíveis no contexto da *autonomia privada* e naquela faixa em que a liberdade contratual se apresenta como a possibilidade de criar concretas espécies de contrato que não correspondem a um esquema contratual típico.
>
> Admitida essa figura negocial, como é irrecusável, salienta a doutrina, no exame dos seus efeitos, uma característica essencial, tanto mais interessante quanto serve para distingui-la do contrato preliminar. Tal característica é que o nascimento do vínculo obrigacional é *eventual*, só surgindo, realmente, se for concluído o contrato em vista. Nessa *eventualidade* reside o traço que a diferencia do contrato preliminar porque este é, ao contrário, um vínculo, que obriga à formação do contrato definitivo. A *eventualidade* é, em síntese, um elemento próprio congênito, peculiar dessa figura existente na fase preparatória de um contrato.[68]

Transferindo essa análise para a qualificação jurídica da cláusula *shotgun*, pode-se perceber que falta esse elemento da vinculação ao contrato definitivo, uma vez que existe a possibilidade de a opção de compra e venda forçada com inversão do poder decisório sobre a posição subjetiva descrita na cláusula nunca vir a ser exercida por qualquer das partes e, destarte, o contrato definitivo de compra e venda de participação societária nunca será firmado.

---

[66] GOMES, Orlando. Op. cit., p. 71.
[67] GOMES, Orlando. Op. cit., p. 71.
[68] GOMES, Orlando. Op. cit., p. 71.

Nesse sentido, antes de ser exercida a opção recíproca de compra e venda forçada com inversão do poder decisório sobre a posição subjetiva por um dos sócios, trata-se a cláusula *shotgun* de um contrato preparatório, posto que a cláusula *shotgun* possui em sua essência todas as características de um contrato perfeito e acabado, porém deixando ao livre arbítrio dos acionistas a faculdade de se contratar definitivamente a compra e venda da participação societária a partir do exercício da mencionada opção.

Corroborando o mesmo entendimento exposto, Mariana Martins-Costa Ferreira expõe que:

> [...] o contrato preliminar tem como objeto a promessa de celebrar contrato futuro, de modo que as partes se obrigam a prestar manifestação de vontade conclusiva de negócio jurídico. No contrato *buy or sell* as partes não se obrigam a prestar nova manifestação de vontade de contratar, mas constituem mutuamente direitos potestativos. A interação do exercício dos direitos potestativos por cada parte, por sua vez, terá como efeito a determinação dos elementos da compra e venda não definidos na cláusula *buy or sell*,
>
> Surge às partes, portanto, relação jurídica na qual ambas são detentoras do mesmo direito potestativo (de ativação), bem como aceitam o mesmo estado de sujeição. Se, por um lado, o contrato *buy or sell*, como visto, poderia ser confundido com contrato preliminar dada sua antecedência ao contrato de compra e venda; por outro, o tipo de relação jurídica formada por meio do contrato preliminar distingue-se daquele formado pelo contrato *buy or sell*.
>
> Assim, esse negócio jurídico pode ser enquadrado no chamado período preparatório à formação de outro negócio jurídico, nesse caso, o de compra e venda de participação societária.[69]

No momento da negociação e inserção da cláusula *shotgun* no acordo de acionistas, não estão as partes comprometidas a celebrarem no futuro o contrato principal, qual seja, o contrato de compra e venda de participação societária. Destarte, falamos em contrato preparatório, posto que o referido contrato tem como finalidade apenas determinar

---

[69] FERREIRA, Mariana Martins-Costa. Op. cit., p. 149.

obrigações prévias ao firmamento do contrato principal, ou até mesmo do contrato preliminar.

Assim, podemos concluir que a cláusula *shotgun* tem qualificação jurídica de contrato preparatório,[70] vez que a opção recíproca de compra e venda forçada com inversão do poder decisório sobre a posição subjetiva inerente à cláusula pode nunca vir a ser exercida por uma das partes, como veremos a seguir. Adicionalmente, não estão as partes vinculadas à concretização futura do contrato de compra e venda de participação societária, o que poderá nunca acontecer caso, por exemplo, a opção anteriormente mencionada nunca seja exercida por um dos sócios.

2.4.4 Opção recíproca de compra e venda forçada com inversão do poder decisório sobre a posição subjetiva

Para uma melhor compreensão da opção recíproca de compra e venda forçada com inversão do poder decisório sobre a posição subjetiva inerente à cláusula *shotgun*, importante se faz trazer à baila o conceito de "opção" recorrente na doutrina brasileira.

Pontes de Miranda, ao discorrer sobre direitos potestativos ("poderes que existem por si, que são direitos, independentemente de outros")[71], qualifica a opção como um direito formativo gerador, no qual estão incluídos os direitos de "adquirir o domínio ou outro direito real, pelo exercício deles",[72] conforme transcrito a seguir:

> O direito de opção também é direito formativo constitutivo, que se não há de construir como venda e compra sob condição *si voluero*. Também a favor do destinatário da oferta revogável ou irrevogável nasce direito formativo gerador: mediante o seu exercício, compõe-se o negócio jurídico bilateral.[73]

---

[70] O contrato preliminar tem por objetivo garantir a realização de um contrato definitivo, possuindo destarte, caráter provisório, interino. Ao celebrar um contrato preliminar, as partes se comprometem a convencionar, em momento posterior, um contrato definitivo. Sujeitam-se a concluir um contrato ulterior, ou seja, ficam as partes vinculadas à continuação do negócio jurídico.
[71] PONTES DE MIRANDA, Francisco Cavalcanti. *Tratado de direito privado*: t. 5. Op. cit., p. 280.
[72] PONTES DE MIRANDA, Francisco Cavalcanti. *Tratado de direito privado*: t. 5. Op. cit., p. 281.
[73] PONTES DE MIRANDA, Francisco Cavalcanti. *Tratado de direito privado*: t. 5. Op. cit., p. 281.

Orlando Gomes, ao discorrer sobre a formação do contrato, lembra que negócios jurídicos podem preceder a formação de um contrato:

> A formação de qualquer contrato pode ser precedida de negócios jurídicos tendentes a levá-la a bom termo em virtude da determinação vinculante de seus dados objetivos e elementos subjetivos.
> No exame dessas figuras negociais, interessa definir as seguintes vinculações ou compromissos preparatórios:
> a) opção;
> b) contrato preliminar;
> c) acordo provisório e preparatório.[74]

E nos dá o conceito de "opção" ao escrever que:

> A opção é o contrato por via do qual se confere a uma das partes a faculdade de criar, por iniciativa própria, uma relação obrigacional já definida em seus pontos essenciais. Por esse negócio jurídico, uma das partes se reserva a liberdade de aceitar proposta, completa e inalterável, da outra, com tal eficácia que, para formar o contrato sucessivo, basta declarar a aceitação, necessária não sendo outra manifestação do proponente ou policitante.
> Para haver opção, a proposta da outra parte tem de ser em tais termos que a aceitação do optante — isto é, daquele que tem o direito potestativo de formar, com a sua aceitação, o contrato — baste à conclusão imediata do vínculo contratual de que foi compromisso preparatório. Deve, por conseguinte, ser completa, precisa, inequívoca e determinada, quer nos pontos principais, quer nos secundários que forem importantes, pois um contrato só se tem por celebrado quando as partes houverem acordado em todas as cláusulas sobre as quais qualquer delas tenha julgado necessário o acordo [...].[75]

Luiz Gastão Paes de Barros Leães, ao conceituar e qualificar juridicamente o contrato de opção, preceitua que:

> Como já enfatizado, discute-se, doutrinariamente, se a opção, no direito obrigacional, constitui um contrato preliminar, um pré-contrato, ou um

---

[74] GOMES, Orlando. Op. cit., p. 68-69.
[75] GOMES, Orlando. Op. cit., p. 68-69.

contrato propriamente dito. Tendo em vista que, embora produza obrigações somente para uma parte (*"ex uno latere"*), resulta de um encontro de vontades, é inequívoco que a opção é um negócio jurídico bilateral, um contrato, mas um contrato unilateral, com obrigação apenas para uma das partes. Caracteriza-se por ser o negócio mediante o qual as partes estipulam que uma delas fica vinculada definitivamente à própria declaração de vontade, enquanto a outra parte se reserva o poder de aceitá-la ou não, exercendo, conforme o caso, a sua faculdade.

O efeito essencial do contrato de opção consiste, pois, na outorga de um direito potestativo a uma das partes, resultante da promessa irrevogável da outra parte, pelo qual o seu titular pode influir em situações jurídicas de outra, através de uma atuação própria, sem o concurso desta, que apenas tem que se sujeitar às suas consequências. Atua, assim, esse poder mediante simples declaração de vontade por parte do seu titular, não se confundindo, porém, com as faculdades, disponibilizadas pelo direito objetivo, porque o exercício destas não acarreta, como no uso dos direitos potestativos, qualquer sujeição da outra pessoa.[76]

A despeito de as opções de compra e de venda serem usadas de forma recorrente pelos profissionais do direito no Brasil, principalmente quando se fala em negócios jurídicos complexos, da mesma forma que ocorre com a cláusula *shotgun*, o ordenamento jurídico pátrio não conceituou nem definiu o regime jurídico aplicável a tais opções, o que faz com que, também com relação à opção, sejam aplicadas as normas gerais do direito das obrigações.

Porém, alguns diplomas legais ou regulamentares reconhecem e inclusive fazem menção à existência das opções, reforçando a ideia da possibilidade de utilização das opções de diversas formas no direito brasileiro, a exemplo da LSA, que, em seu artigo 168, § 3º, dispõe:

> Art. 168. [...]
> § 3º o estatuto pode prever que a companhia, dentro do limite de capital autorizado, e de acordo com plano aprovado pela assembleia geral, outorgue opção de compra de ações a seus administradores ou empregados, ou a pessoas naturais que prestem serviços à companhia ou à sociedade sob seu controle.

---

[76] LEÃES, Luiz Gastão Paes de Barros. A álea normal do contrato e o momento do exercício das opções. *In*: *Novos pareceres*. São Paulo: Singular, 2018, p. 375-397, p. 390.

2. CLÁUSULA *SHOTGUN*

Como bem colocado por Felipe Iglesias, a opção pressupõe, além de um direito de escolha (essência da opção) de um dos sócios em prosseguir ou não na contratação do negócio jurídico pretendido pelos sujeitos quando do exercício da cláusula, também a existência de dois negócios jurídicos, um negócio jurídico outorgativo de direito de opção de compra, e outro negócio jurídico outorgativo de opção de venda de participação societária. Nesse sentido, o regime jurídico aplicável às opções de compra aplica-se quase que igualmente às opções de venda.[77]

Adicionalmente, Felipe Iglesias menciona questão relacionada à existência ou não de uma opção recíproca, na qual coexistam opção de compra para um sujeito e opção de venda para o outro sujeito da relação referente ao mesmo bem (no caso, ações ou quotas de uma sociedade).

Para Iglesias, à primeira vista, tal negócio poderia parecer desprovido de utilidade, pois seria possível argumentar a existência, em verdade, de um verdadeiro contrato de promessa de compra e venda. Contudo, uma reflexão mais cuidadosa revela que o negócio tem sua utilidade e não deve ser confundido com uma compra e venda, dado que ele, ao contrário da compra e venda em si, só será efetivado se houver exercício da opção por quaisquer das partes (o negócio não irradia desde já os efeitos da compra e venda até que haja o exercício por ao menos uma das partes); se não houver tal exercício, simplesmente não terá havido compra e venda.[78]

Entendemos ser incontroverso, portanto, o fato de que a cláusula *shotgun* pressupõe, em sua essência, a existência de uma opção, opção essa que é recíproca, ou seja, pode ser exercida por qualquer das partes, a qualquer momento, uma vez ocorrendo as condições previamente acordadas pelas partes que sejam consideradas como gatilhos (*triggers*) para o exercício da opção. É, portanto, a opção recíproca de compra e venda forçada com inversão do poder decisório sobre a posição subjetiva elemento inerente à cláusula *shotgun*.

A opção recíproca de compra e venda forçada com inversão do poder decisório sobre a posição subjetiva descrita na cláusula *shotgun* é

---

[77] IGLESIAS, Felipe Campana Padin. *Opção de compra ou venda de ações no direito brasileiro*: natureza jurídica e tutela executiva judicial. Dissertação (Mestrado em Direito Comercial) — Faculdade de Direito, Universidade de São Paulo, São Paulo, 2011, p. 6-9.
[78] IGLESIAS, Felipe Campana Padin. Op. cit., p. 10.

bilateral, ligando dois polos de interesses, os quais podem ser de ambas as partes cada um individualmente, ou de múltiplos sujeitos em bloco.

O fato é que, sempre, o exercício da opção recíproca de compra e venda forçada com inversão do poder decisório sobre a posição subjetiva descrita na cláusula *shotgun* se dirigirá ao sócio (individualmente ou em bloco) que ocupará um dos polos do contrato de compra e venda que será formado como consequência desse exercício. Para Luiz Gastão Paes de Barros Leães, "o pacto de opção, na verdade, se singularizaria por ser um contrato autônomo, irrevogável, que se insere na formação progressiva de outro contrato: o contrato definitivo".[79] Entendimento corroborado por Fábio Konder Comparato quando afirma que:

> Os pactos de preferência distinguem-se das opções, porque, nestas, já há, perfeito e acabado, um dos elementos do acordo de vontades definitivo, que é a oferta irrevogável de contratar. Basta ao titular da opção, manifestar a sua vontade concordante no prazo, para que se aperfeiçoe o contrato definitivo. A opção é, pois, um contrato definitivo semicompleto.[80]

Nesse sentido, a opção recíproca de compra e venda forçada com inversão do poder decisório sobre a posição subjetiva descrita na cláusula *shotgun* é um verdadeiro mecanismo instrumental preparatório para que seja atingido o fim último que é a formação do contrato definitivo de compra e venda de participação societária quando do exercício dessa opção por um dos acionistas, conforme passaremos a analisar na seção seguinte.

2.4.5 Compra e venda de participação societária

Conforme visto na seção anterior do presente trabalho, uma vez exercido por um dos acionistas de uma determinada sociedade o direito de escolha — a opção — descrito na cláusula *shotgun*, demonstrando o acionista que tem a intenção de prosseguir na contratação do negócio jurídico previamente acordado sob certo prazo ou condição, perfaz-se, quando da manifestação (ou silêncio) da outra parte, definindo-se quem

---

[79] LEÃES, Luiz Gastão Paes de Barros. Op. cit., p. 384.
[80] COMPARATO, Fábio Konder. *Novos ensaios e pareceres*. Rio de Janeiro: Forense, 1981, p. 229, *apud* LEÃES, Luiz Gastão Paes de Barros. Op. cit., p. 384.

será o comprador e quem será o vendedor, consequentemente, o contrato de compra e venda de participação societária.

O Código Civil brasileiro define contrato de compra e venda em seu artigo 481: "Pelo contrato de compra e venda, um dos contratantes se obriga a transferir o domínio de certa coisa, e o outro, a pagar-lhe o preço em dinheiro."

Trata-se o contrato de compra e venda de um contrato consensual pelo qual as partes acordam que uma parte se comprometerá a entregar um bem e a outra parte se comprometerá a pagar um valor (preço) pelo recebimento da coisa.

Orlando Gomes define o contrato de compra e venda como sendo, "o contrato pelo qual uma das partes se obriga a transferir a propriedade de uma coisa à outra, recebendo em contraprestação, determinada soma de dinheiro ou valor fiduciário equivalente",[81] e classifica o contrato de compra e venda como:

> A compra e venda é contrato bilateral, simplesmente consensual, oneroso, comutativo, ou aleatório, de execução instantânea ou diferida.
> Sua bilateralidade não comporta dúvida. Do acordo de vontades nascem obrigações recíprocas: para o vendedor, fundamentalmente, obrigação de entregar a coisa com o ânimo de transferir-lhe a propriedade; para o comprador, a de pagar o preço. A dependência recíproca dessas obrigações, e de outras estipuladas em complementação, configura o sinalagma característico dos contratos bilaterais perfeitos.
> Em nosso sistema jurídico, a compra e venda é contrato simplesmente consensual. Basta o acordo de vontades sobre a coisa e o preço para se tornar perfeita e acabada. Não é necessária, por outras palavras, a entrega da coisa para a sua perfeição. Do contrato deriva apenas a obrigação de entregá-la. Forma-se, portanto, *solo consensu*.
> A compra e venda pertence, por definição, à categoria dos contratos onerosos. Vendedor e comprador têm em mira obter uma vantagem patrimonial. Ao sacrifício da perda da coisa corresponde o proveito do recebimento do preço. Ao sacrifício do pagamento do preço corresponde o proveito do recebimento da coisa. Cada sacrifício é compensado, embora subjetivamente.
> [...]

---

[81] GOMES, Orlando. Op. cit., p. 265-268.

> O contrato de compra e venda é daqueles cuja execução pode ocorrer de uma só vez, sendo indiferente que o cumprimento das obrigações se verifique imediatamente após sua perfeição ou depois de algum tempo. Em qualquer das hipóteses a execução é única, podendo-se afirmar, consequentemente, que é contrato instantâneo, seja de execução imediata, ou de execução diferida. Nada impede, contudo, que os contratantes renunciem à execução única, dividindo a prestação no tempo. O parcelamento voluntário da prestação não o converte, porém, em contrato de duração ou de execução continuada.[82]

Para Silvio de Salvo Venosa, o contrato de compra e venda tem uma grande importância econômica:

> A partir da criação da moeda, a compra e venda passa a desempenhar o papel mais proeminente no campo contratual.
> Em singela síntese, a compra e venda pode ser definida como a troca de uma coisa por dinheiro. Nesse contexto, cumpre fixar que inexiste na sociedade moderna contrato mais importante e mais utilizado. [...] Sua importância não se prende unicamente à compra e venda propriamente dita, em todas as suas nuances e modalidades, mas também ao fato de serem aplicados seus princípios na elaboração e interpretação de inúmeros outros contratos que lhe estão próximos e que com ela possuem semelhança em estrutura e efeitos. Portanto, por sua importância econômica, a compra e venda é o contrato mais importante e mais frequente. Em razão disso, trata-se do contrato mais minuciosamente regulado pela lei, tanto na hipótese de compra e venda pura e simples, como nas numerosas cláusulas e subespécies do contrato-padrão.[83]

Nesse sentido, a cláusula *shotgun* abarca dentro da sua estrutura uma promessa de compra e venda de participação societária, com as características inerentes à relação jurídica contratual de compra e venda mencionadas.

---

[82] GOMES, Orlando. Op. cit., p. 265-268.
[83] VENOSA, Silvio de Salvo. *Direito civil*: contratos em espécie. 13. ed. São Paulo: Atlas, 2013, p. 5.

Na relação jurídica de compra e venda de participação societária decorrente da inserção de uma cláusula *shotgun* no acordo de acionistas, os contratantes obrigam-se reciprocamente, pressupondo-se que houve consentimento entre eles para a concretização do objeto do contrato, a comprar/vender a participação societária em troca do pagamento do preço, conforme previamente estipulado.

Exercida por um dos acionistas a opção recíproca de compra e venda forçada com inversão do poder decisório sobre a posição subjetiva, surge, imediatamente, o efeito obrigacional do contrato de compra e venda de participação societária, que é a transferência da propriedade das ações ou quotas de uma sociedade em troca do preço a ser pago por tal participação societária.

Tem, um dos acionistas, após o recebimento do preço acordado na cláusula *shotgun*, o dever obrigacional de entregar a participação societária, sendo que, para que a transferência da participação societária efetivamente ocorra, deverá haver a formalização do instrumento societário adequado para tanto, conforme veremos adiante.

2.4.6 Contrato translativo de propriedade

Apesar de o contrato de compra e venda de participação societária perfazer-se em virtude do exercício da opção de compra e venda forçada com inversão do poder decisório sobre a posição subjetiva descrita na cláusula *shotgun* no acordo de acionistas, gerando a obrigação de entrega da participação societária em troca do preço, a propriedade efetiva da participação societária objeto da respectiva cláusula *shotgun* só é adquirida, no caso das sociedades por ações, após a formalização da transferência das ações no livro de transferência de ações e respectiva averbação no livro de registro de ações nominativas da companhia, ou, no caso das sociedades empresárias limitadas, após a assinatura do ato societário de alteração do contrato social com a transferência das quotas.

É o contrato de compra e venda objeto da cláusula *shotgun*, portanto, um contrato translativo de propriedade, vez que serve como um instrumento para a busca por um dos acionistas ou sócios da transferência da propriedade das ações ou quotas de uma determinada sociedade. A transferência da propriedade das ações ou quotas não se dá automaticamente com a concretização do contrato de compra e venda de participação societária em decorrência do exercício por um dos acionistas ou sócios da opção recíproca de compra e venda forçada com inversão do poder decisório sobre a posição subjetiva.

Nesse sentido, conforme veremos mais adiante no capítulo 4 quando tratarmos da exequibilidade da cláusula, uma vez exercida a opção recíproca de compra e venda forçada com inversão do poder decisório sobre a posição subjetiva inerente à cláusula *shotgun*, entendemos poder o acionista buscar a execução específica dos termos e disposições acordados quando da inserção da cláusula *shotgun* em acordo de acionistas para que a compra e venda da participação societária seja concretizada. Mais ainda, entendemos ser perfeitamente possível, para assegurar que o negócio jurídico de compra e venda acordado entre as partes quando da negociação da cláusula *shotgun* seja implementado, que as partes negociem uma cláusula no próprio acordo de acionistas, uma cláusula de mandato outorgando poderes para que o acionista adquirente da participação societária quando da execução da cláusula *shotgun* possa formalizar a respectiva transferência da propriedade das ações.

Após uma análise detalhada acerca da estrutura da cláusula *shotgun* exposta, já se pode compreender que, a despeito de ser aparentemente mais uma cláusula contratual a ser inserida em acordo de acionistas, a cláusula *shotgun* por si só envolve uma estrutura complexa que traz como consequência a formação de relações jurídicas contratuais decorrentes do seu exercício, o que faz com que o seu uso deva ser feito com muita cautela pelo operador do direito para que dela se extraia o seu potencial máximo visando à prevenção e resolução de conflitos societários, que é o seu fim primordial.

2.5 Racionalidade e limites

Nesta seção do livro analisaremos a racionalidade e os limites de aplicação da cláusula *shotgun*, vez que, em uma relação contratual, as partes conseguem mitigar os problemas e riscos, mas não os eliminar completamente, pois, desse modo, se estaria admitindo a existência de contratos completos e eficientes, com disposições específicas para cada estado de mundo possível.

Os contratos do mundo real, todavia, não são completos, pois a eficiência contratual traria consigo um custo de transação altíssimo, o que faz com que as partes não alcancem resultado plenamente eficiente.

Custos de transação são aqueles que as partes de uma operação suportam para além do preço que é transacionado. Entre eles encontram-se, nomeadamente, os custos de obtenção da informação necessária à transação (conhecer com exatidão a outra parte, averiguar a qualidade dos produtos e os riscos associados ao negócio, determinar o preço e demais condições do negócio, etc.), os custos de negociação e celebração de contratos (custo de oportunidade do tempo necessário a essas tarefas, custos de consultores e advogados, custo de formalidades legais, etc.) e os custos para implementar e efetivar o acordo celebrado (custos de fiscalização do comportamento da outra parte, custos de recurso ao Poder Judiciário, etc.).[84]

Os custos de transação são determinantes para a eficiência do mercado. Se tais custos forem muito altos, não haverá transação e o resultado jurídico-econômico almejado não será alcançado.

Sendo positivos, tais custos de transação podem ser divididos em dois momentos, segundo Robert Scott e George G. Triantis:[85] (i) custos transacionais no decorrer da negociação de um contrato entre as partes (*front end transactional costs*) e (ii) custos para o cumprimento (*enforcement*) do contrato após a sua assinatura (*back end transactional costs*). Cabe, portanto, às partes, durante a negociação, decidirem em qual momento e de que forma alocarão os custos no decorrer do processo de contratação.

Esse conceito, próprio da economia, quando levado para o direito societário, nos permite afirmar que o acordo de acionistas consiste num instrumento contratual que visa antecipar e evitar *ex ante* a possibilidade de surgimento de conflitos entre os acionistas de uma determinada sociedade, reduzindo os custos de transação futuros, ainda que alguns custos de transação sejam envolvidos para a sua negociação e confecção. Daí a importância de se inserir a cláusula *shotgun* no acordo de acionistas — ou não, a depender do contexto prático para a sua aplicação.

Porém, como todos os contratos celebrados no mundo real, a existência de um acordo de acionistas por si só não impede o surgimento de conflitos e impasses societários.

---

[84] RODRIGUES, Vasco. *Análise econômica do direito*: uma introdução. Coimbra, Almedina, 2007, p. 41-55.
[85] SCOTT, Robert E.; TRIANTIS, George G. Anticipating Litigation in Contract Design. *The Yale Law Journal*, v. 115, p. 814-879, 2006.

Diante da impossibilidade de regular contratualmente toda e qualquer situação de impasse ou mesmo de eliminar a sua ocorrência, o direito societário lança mão de alguns mecanismos contratuais em acordos de acionistas para solucioná-los, dentre os quais a cláusula *shotgun*. Daí a importância de se avaliar as vantagens e desvantagens de se inserir a cláusula *shotgun* no acordo de acionistas, com o intuito de prevenir e minimizar os custos de transação futuros, conforme a seguir.

2.5.1 Vantagens e desvantagens

O uso da cláusula *shotgun* como mecanismo contratual para a resolução de *deadlocks* societários tem inúmeras vantagens e desvantagens. A seguir descrevemos as principais delas.

2.5.1.1 Vantagens

2.5.1.1.1 Precificação mais justa

A primeira vantagem é a de que a cláusula *shotgun* assegura, em condições ideais, que o preço ofertado pelo exercício da cláusula será o preço mais justo possível, uma vez que a parte ofertante não pode prever se será comprada ou se terá que comprar as ações ou quotas da empresa pelo preço descrito na proposta.

Essa vantagem é tão notória que a alta corte de Viena se refere ao exercício da cláusula *shotgun* por uma das partes como "pesos e medidas" (*checks and balances*) na determinação do preço.[86]

Nesse mesmo sentido, as cortes judiciais americanas têm demonstrado em suas decisões o entendimento de que a impossibilidade de prever se a oferta de compra ou venda de participação societária será objeto de transação ou se a parte terá que adquirir a participação societária do recebedor da notificação resulta em uma precificação mais justa e equânime da oferta apresentada à contraparte.[87]

---

[86] FLEISCHER, Holger; SCHNEIDER, Stephan. Shoot-Out Clauses in Partnerships and Close Corporations: An Approach from Comparative Law and Economic Theory. *Max Planck Private Law Research Paper*, n. 11-13.

[87] FLEISCHER, Holger; SCHNEIDER, Stephan. Op. cit.

Alguns autores[88] compararam o exercício da cláusula *shotgun* à máxima do "corte do bolo", a qual estabelece que uma parte corta o bolo e a outra escolhe dentre os pedaços cortados (*"I cut, you choose"*). Essa prática tende a resultar em precificação mais justa na proposta de compra ou venda da participação societária.

2.5.1.1.2 Incentivo a um acordo amigável

A própria existência da cláusula *shotgun* no acordo de acionistas, e a possibilidade do seu exercício, pode estimular a realização de acordo amigável, uma vez que, ao fazer uso da cláusula *shotgun*, até que haja a resposta do Acionista Ofertado, o Acionista Ofertante não pode prever se será o comprador ou o vendedor da participação societária, de acordo com o preço e as condições constantes da oferta.

Essa característica indica que o exercício da cláusula *shotgun* por um dos acionistas é uma espécie de *ultima ratio*, uma vez que exige reflexão do acionista que fizer uso da sua aplicação. Deve, portanto, o acionista que decidir exercer a cláusula refletir bastante antes de fazer a primeira oferta, justamente por não saber qual será o resultado final do acordo, se será ele o comprador ou o comprado.

2.5.1.1.3 Procedimento mais rápido e menos custoso para as partes

O exercício da cláusula *shotgun* por uma das partes desengatilha um procedimento formal descrito no próprio acordo de acionistas para a apresentação de uma oferta de compra ou venda de participação societária com a inversão do poder decisório sobre a posição subjetiva.

Esse procedimento, por si só, tem por finalidade a solução de um impasse societário, especialmente quando se busca a continuidade do negócio. Portanto, o exercício da cláusula *shotgun* por uma das partes dá início a procedimento mais célere e, na maioria das vezes, mais justo, não sendo necessária movimentação do Poder Judiciário, ou mesmo a instauração de procedimento arbitral, que são demorados e/ou mais custosos, para a solução de um determinado *deadlock* societário.

---

[88] FLEISCHER, Holger; SCHNEIDER, Stephan. Op. cit., p. 40.

2.5.1.1.4 Confere uma maior segurança jurídica

É certo que uma cláusula *shotgun* bem redigida devidamente inserida no acordo de acionistas atua tanto como forma de prevenir a ocorrência de um impasse societário como visto — vez que os acionistas pensarão inúmeras vezes antes de exercer a opção recíproca de compra e venda forçada com inversão do poder decisório sobre a posição subjetiva descrita na cláusula — quanto estabelece uma forma predefinida e acertada para a resolução de um impasse societário materialmente relevante que venha a surgir no decorrer da relação societária, traduzindo-se na certeza de que haverá a solução do impasse societário em um curto espaço de tempo. Curioso notar que essa certeza existe não obstante a paradoxal incerteza inerente à cláusula, no que se refere a não se saber de antemão quem será o comprador ou o vendedor. O foco está mais na solução do impasse, sem prejudicar o regular funcionamento da sociedade, do que nas partes envolvidas na disputa societária.

A força obrigatória da cláusula *shotgun* devidamente pactuada no acordo de acionistas confere, portanto, uma maior segurança jurídica não só para os acionistas como também para a sociedade e seus *stakeholders*, bem como fomenta a confiança, o que cria um ambiente social propício ao desenvolvimento do mercado.

2.5.1.1.5 Mitiga a perda do valor de mercado da empresa

Como visto anteriormente, um acordo de acionistas bem redigido, com mecanismos para a prevenção (*ex ante*) e solução (*ex post*) de disputas societárias, confere uma maior segurança jurídica para o mercado, para os acionistas, para a sociedade e para seus *stakeholders*.

Justamente pelo fato de conferir uma maior segurança jurídica, e fomentar a confiança, um acordo de acionistas bem redigido, que contenha em seu texto uma cláusula *shotgun* ou algum outro mecanismo contratual para a prevenção e solução *ex post* de disputa societária, passa automaticamente para o mercado uma mensagem de solidez e de continuidade dos negócios, o que por sua vez pode aumentar o valor de mercado desta sociedade.

Por vezes, em casos de brigas entre acionistas, a inexistência de um mecanismo contratual para a resolução de impasses societários, como a cláusula *shotgun*, pode acarretar longas e cansativas disputas e discussões judiciais. Mais ainda, se tais disputas societárias versarem sobre as matérias relevantes mencionadas anteriormente, podem, inclusive, afetar o bom andamento dos negócios da empresa, gerar a desmotivação dos seus empregados, resultar na perda de oportunidades de mercado e de pessoas que ocupem cargos-chave na empresa, e, por fim, gerar uma paralisia dos investimentos e dos próprios negócios da sociedade.

Destarte, os agentes do mercado costumam ver com bons olhos as sociedades que possuem uma cláusula *shotgun* ou outro mecanismo similar no acordo de acionistas para a prevenção e resolução de conflitos societários que eliminem a indefinição quanto ao futuro da empresa nos casos em que houver um conflito societário intransponível.

2.5.1.2 Desvantagens

2.5.1.2.1 A falta de um resultado previsível

A ausência de previsão acerca dos efeitos da aplicação da cláusula *shotgun*, apresentada pela maioria da literatura estrangeira como uma das principais vantagens da cláusula, consistente na precificação mais justa, pode ser uma desvantagem, notadamente para a parte que tiver interesse em deixar a sociedade. Isso porque, caso decida realizar a oferta, o acionista pode ser forçado a permanecer na sociedade, mediante a obrigatoriedade da aquisição de participação societária da outra parte que escolheu vender ao invés de comprar as ações ou quotas da sociedade. Este seria, portanto, um resultado indesejado, não sendo alcançada a finalidade da cláusula em sua plenitude.

2.5.1.2.2 Potencial para abuso por parte de um dos acionistas

Em condições ideais, a assinatura de um contrato pressupõe que as partes estejam em condições de igualdade, ou que as obrigações decorrentes desse contrato respeitem um certo equilíbrio após a negociação dos seus termos e condições — do contrário, a parte em desvantagem não assinaria o contrato, dando o seu próprio consentimento ao instrumento contratual.

Porém, na prática, nem sempre esse equilíbrio está presente nas negociações ou mesmo no exercício dos direitos e obrigações regulados nos contratos.

A doutrina estrangeira[89] elencou uma série de situações nas quais o exercício da cláusula *shotgun* pode gerar os efeitos de desequilíbrio ou desbalanceamento entre as partes, anteriormente mencionados, dentre os quais destacam-se as principais possíveis assimetrias entre os acionistas quando da negociação para a inclusão da cláusula *shotgun* em acordo de acionistas.

Na seção 2.5.1.2.4, trataremos das hipóteses de assimetria, que denotam desequilíbrio na relação contratual entre os acionistas, capazes de gerar oportunismos e abuso de direito por um acionista em detrimento dos demais quando da execução da cláusula *shotgun* em decorrência de um impasse societário.

2.5.1.2.3 Troca do poder de controle societário

É sabido que a consequência inevitável do exercício da cláusula *shotgun* é a alienação da participação societária de um acionista a outro, ocasionando, dessa maneira, a extinção do seu vínculo com a sociedade, com o objetivo de sanar o impasse societário.

Destarte, com a saída de um dos acionistas, a sociedade continua existindo, porém com a permanência do acionista que adquiriu a participação societária no quadro societário.

Ora, caso os acionistas sejam, por exemplo, signatários de um acordo de voto em virtude de fazerem parte do mesmo grupo de controle de uma determinada sociedade, com a saída de um dos acionistas desse bloco de controle, o controle da sociedade é transferido para o outro acionista que permanece na sociedade. Mesmo considerando que essa mudança de controle societário é um ato da vida — sempre acontece e nenhuma sociedade está imune a passar por uma troca do controle societário ao longo de sua existência —, por vezes, essa troca do controle societário pode ocasionar uma mudança na gestão ou na cultura empresarial que pode prejudicar o bom andamento dos negócios.

A título de exemplo, em virtude da execução da cláusula *shotgun* constante de acordo de acionistas, pode acontecer de o acionista que se retira da sociedade ser o acionista "operacional", aquele que efetivamente entende do negócio, o que pode ser prejudicial para a continuidade da empresa.

---

[89] Landeo, Claudia M.; Spier, Kathryn E. *Shotguns and Deadlocks*. Op. cit.

Portanto, a alienação em decorrência do exercício da cláusula *shotgun* por um dos acionistas que detenha o poder de controle na sociedade acarretará a troca do poder de controle societário, o que por vezes pode ser prejudicial para a empresa.

2.5.1.2.4 Assimetrias

Em um mundo real, sempre haverá a existência de assimetrias — não existe o mundo ideal isento de assimetrias. Nesse sentido, o operador do direito, ao redigir a cláusula *shotgun* em um acordo de acionistas, deverá imprescindivelmente levar em consideração a provável existência de assimetrias. Como mencionado anteriormente, a existência de assimetrias no contexto prático da utilização da cláusula em acordo de acionistas pode ensejar oportunismos e abuso de poder por parte de um dos acionistas.

Portanto, faz-se mister que o acionista e seu advogado ou consultor jurídico avaliem cautelosamente se, de fato, a inclusão de cláusula *shotgun* no acordo de acionistas é recomendável ou não naquele determinado caso concreto, bem como se, optando por usá-la, quais seriam as cautelas que deveriam ser adotadas para minimizar eventuais desequilíbrios.

2.5.1.2.4.1 Assimetria de informação

Existe assimetria de informações quando um acionista detém mais informações do que o outro e está em melhor condição para tomar uma decisão, seja para fazer a proposta, seja para aceitar ou não uma proposta que lhe tenha sido feita.

Como bem preceitua Judith Martins-Costa, "informação é poder, por vezes mais valioso do que a capacidade financeira",[90] e exemplifica:

> A possibilidade de acesso à informação avalia-se objetivamente, pois, evidentemente, vigora no Direito Brasileiro o princípio da autorresponsabilidade. A inércia não é desculpa. Se, [...], o Grupo A não diligencia na busca de informações sobre o valor da companhia (base para estimar o preço oferecido), não é a sua negligência o fator que tornará ilícito o exercício da cláusula de *Buy or Sell*.

---

[90] MARTINS-COSTA, Judith. Op. cit., p. 555.

> Cogite-se, no entanto, ser o Grupo B o encarregado de administrar e gerir a sociedade, enquanto o Grupo A é o encarregado de assegurar, com maior intensidade, o capital financeiro. Pela posição que ocupa, o Grupo B não apenas tem maior acesso à informação sobre o valor dos ativos, como pode, inclusive, dificultar o acesso do Grupo A à essa informação, ou mesmo deturpá-la.
>
> Nesse caso, o exercício da cláusula *Buy or Sell* pode apresentar disfuncionalidade resvalando na ilicitude prevista no art. 187 do Código Civil. Por isso, devem os contratantes, cientes dos problemas causados pela assimetria informativa, adotar medidas preventivas.[91]

No caso de haver um impasse societário capaz de desengatar a execução da cláusula *shotgun*, um acionista que esteja presente no dia a dia da sociedade, ocupando posição de acionista administrador, participando ativamente dos negócios da sociedade, por exemplo, tem muito mais vantagem informacional do que o acionista que atua apenas como um investidor, injetando capital na sociedade.

Nesse sentido trazemos à baila importante texto de Calixto Salomão Filho, que aponta o perigo para o mercado da assimetria de informação relacionado ao poder de controle:

> Na verdade, do ponto de vista externo, o problema estrutural grave a ser resolvido em relação a qualquer sociedade e com especial cuidado em relação às companhias abertas é o problema da informação.
>
> Grave, pois a assimetria de informação é prévia à própria relação societária. Em países como o Brasil, o poder do controlador sobre a Assembleia Geral e sobre os órgãos de administração é tal que uma simples ideia que tenha, mesmo antes de apresentá-la aos órgãos responsáveis por sua aprovação, já é uma informação privilegiada. O acionista controlador sabe que será capaz de aprová-la e, portanto, pode aproveitar-se dela mesmo antes de submetê-la às aprovações societárias. [...]
>
> No modelo do famoso prêmio Nobel,[92] a existência de assimetrias de informação entre vendedores e compradores de veículos usados faz

---

[91] Martins-Costa, Judith. Op. cit., p. 555-556.
[92] Calixto Salomão (Salomão Filho, Calixto. *O novo direito societário*. Op. cit.) refere-se a e recomenda a leitura de: Akerloff, G. The Market for Lemons: Quality Uncertainty and the Market Mechanism. *The Quarterly Journal of Economics*, v. 89, n. 3, p. 488-500, ago. 1970.

com que os últimos não sejam capazes de identificar os *"lemons"* (pois têm menos informações que os vendedores sobre o estado do veículo). Isso faz com que o preço de veículos usados de boa e má qualidade seja substancialmente o mesmo, o que tende a afastar os veículos de boa qualidade do mercado, permanecendo apenas os ruins. Essa tendência à seleção adversa se dá em função da ausência de fluxos de informação.

No mercado de capitais ocorre algo muito semelhante, em especial através de operações societárias envolvendo controladores e não controladores. A diferença de informação entre os *insiders* da companhia (controladores e administradores) e os *outsiders* (minoritários e investidores) é imensa. Em especial em relação a informações econômicas e financeiras (de resto as mais importantes), a diferença se faz sentir principalmente em operações societárias (incorporação, fusão, etc.). Permitir a supressão de informação tende a fazer com que o mercado seja composto só de companhias de pior qualidade — em matéria de práticas de governança corporativa — pois não é possível para o comprador de ações ou o minoritário, que deve decidir entre permanecer na companhia ou não, diferenciar uma das outras, desparecendo virtualmente o mercado para as boas companhias.[93]

É, portanto, fundamental que se leve em consideração esse fator quando diante da possibilidade de se inserir a cláusula *shotgun* nos acordos de acionistas ou de executá-la.

2.5.1.2.4.2 Assimetria de poder econômico

Caso um dos acionistas seja financeiramente mais forte que o outro, a existência da cláusula *shotgun* em acordo de acionistas pode dar margem a um potencial abuso da parte mais forte, que poderá forçar a saída da outra parte, determinando um preço para as ações ou quotas da sociedade que sabe que a outra parte não terá condições de pagar ou de buscar fontes de financiamento que lhe assegurem o livre exercício do direito de optar por comprar ou vender.

Judith Martins-Costa, ao afirmar que a cláusula deve ser exercida "se e enquanto os sócios mantêm capacidades financeiras similares",[94]

---

[93] SALOMÃO FILHO, Calixto. *O novo direito societário*. Op. cit., p. 65-66.
[94] MARTINS-COSTA, Judith. Op. cit., p. 553.

menciona o problema da assimetria financeira ou de poder econômico, exemplificando a possibilidade de que tal assimetria possibilite vantagem por parte do acionista economicamente mais forte, conforme transcrito a seguir:

> Pode verificar-se situação em que, por exemplo, o Grupo A, embora tenha, *in abstracto*, o direito de comprar, estará concreta e efetivamente, em virtude de restrições financeiras que enfrenta, limitado à posição de vendedor. Em consequência, o Grupo B poderá nesse momento forçar situação de conflito e exercer o direito à ativação da cláusula, assim adquirindo a participação do Grupo A em termos muito favoráveis, e, virtualmente, impondo o valor, esfacelando, consequentemente, a função da cláusula *Buy or Sell*. Estará então violada a sua função econômica e social, como está no art. 187, acrescendo-se que o exercício oportunista se revela manifestamente contrário à boa-fé.[95]

É evidente, nesse contexto, que uma das características da cláusula — que é exatamente a segregação entre a definição do preço e demais condições da oferta e o poder decisório sobre comprar ou vender — não estará mais presente, na medida em que a parte que recebeu a oferta não terá outra alternativa senão a de aceitá-la, uma vez que não terá, em termos pragmáticos, como adotar conduta diversa, por absoluta incapacidade financeira.

2.5.1.2.4.3 Assimetria de capacidade técnica

A falta de capacidade técnica/operacional, *know-how* e/ou de uma carteira de clientes (*goodwill*) pela parte que permanecerá no negócio também poderá ser uma desvantagem quando do exercício da cláusula *shotgun* negociada em acordo de acionistas.

A ausência de conhecimento da operação, do negócio e de relacionamento com clientes da sociedade pode gerar consequências desastrosas, afetando diretamente a continuidade do negócio e, consequentemente, o acionista remanescente.

Em sendo este o caso, questiona-se se a inclusão da cláusula *shotgun* no acordo de acionistas seria o melhor mecanismo contratual. Mesmo

---

[95] MARTINS-COSTA, Judith. Op. cit., p. 553.

que o seja, seria imprescindível associar à cláusula outros mecanismos que assegurem que a parte remanescente tenha condições de capturar ou reter o conhecimento técnico na sociedade, tais como as cláusulas de retenção ou *lock up* do sócio detentor da *expertise*.

Outras possibilidades poderiam ser aventadas, caso a caso, inclusive a utilização de opções de venda por parte do acionista não detentor do conhecimento técnico. De qualquer maneira, a assimetria de conhecimento é fator relevante a ser considerado quando da negociação da cláusula.

2.5.1.2.4.4 Assimetria de interesses

A previsão de cláusula *shotgun* em acordo de acionistas em situações nas quais um dos acionistas não tenha interesse em sair do negócio, como comumente ocorre nos casos de empresas familiares, em que o fundador não tenha interesse em vender sua participação, pode não fazer sentido, mesmo que esse fundador não esteja em situação de desvantagem em relação à capacidade financeira do outro acionista (acionista investidor, por exemplo), hipótese na qual poderia ocorrer a venda contra sua vontade ou o pagamento de preço acima do que seria razoável.

3. Outras patologias

Quando se faz uma análise mais aprofundada da matéria objeto do presente estudo, partindo da qualificação jurídica da cláusula descrita no capítulo anterior, podem surgir outras patologias — além das assimetrias mencionadas — quando da aplicação da cláusula *shotgun*, relacionadas a (i) atos ilícitos praticados pelas partes anteriormente à formação do contrato de compra e venda de participação societária ou à (ii) validade do negócio jurídico intrínseco à cláusula *shotgun*.

Nesta parte do livro, nos propomos a analisar tais patologias em conexão com o questionamento da própria validade da cláusula *shotgun* quando da sua aplicação no contexto prático de seu exercício por um dos acionistas.

3.1 Vício de autonomia da vontade

Como dito anteriormente, não há no direito brasileiro qualquer limitação ao uso da cláusula *shotgun* em acordo de acionistas pelo operador do direito. Nesse sentido, podem as partes, com autonomia de vontade, negociar a inclusão da cláusula *shotgun* em um acordo de acionistas, definindo os requisitos e estipulando os termos para a sua aplicação.

Questiona-se, todavia, se essa autonomia de vontade das partes encontra alguma limitação no direito brasileiro. Se sim, quais seriam as restrições aplicáveis à inclusão pelas partes de uma cláusula *shotgun* em acordo de acionistas, assim como aos efeitos que são produzidos como decorrência da aplicação da cláusula, estabelecidos pelo direito brasileiro?

Como bem coloca Mariana Martins-Costa Ferreira, "a validade dos negócios jurídicos é qualidade exigida pela ordem jurídica, para que a declaração de vontade das partes possa ser regular no ordenamento jurídico, produzindo efeitos".[96]

Logo, a autonomia da vontade das partes encontra os limites estabelecidos pelo ordenamento jurídico pátrio, especialmente nos artigos 166 e 171 do Código Civil brasileiro, os quais deixam claro que:

> Art. 166. É nulo o negócio jurídico quando:
> I — celebrado por pessoa absolutamente incapaz;
> II — for ilícito, impossível ou indeterminável o seu objeto;
> III — o motivo determinante, comum a ambas as partes, for ilícito;
> IV — não revestir a forma prescrita em lei;
> V — for preterida alguma solenidade que a lei considere essencial para a sua validade;
> VI — tiver por objetivo fraudar lei imperativa;
> VII — a lei taxativamente o declarar nulo, ou proibir-lhe a prática, sem cominar sanção.
> [...]
> Art. 171. Além dos casos expressamente declarados na lei, é anulável o negócio jurídico:
> I — por incapacidade relativa do agente;
> II — por vício resultante de erro, dolo, coação, estado de perigo, lesão ou fraude contra credores.

Desse modo, não há que se falar em validade do contrato de compra e venda de participação societária decorrente do exercício da cláusula *shotgun* em acordo de acionistas quando tal negócio jurídico foi firmado por agente absolutamente incapaz. Igualmente, tal negócio jurídico será anulável caso tenha sido acordado por agente relativamente incapaz.

Deve o operador do direito observar, portanto, os limites impostos por lei para a livre manifestação de vontade das partes ao negociar a inserção de uma cláusula *shotgun* em acordo de acionistas.

Em adição ao disposto, faz-se mister uma análise dos limites estabelecidos em lei aplicáveis ao negócio jurídico (contrato) intrínseco à

---

[96] FERREIRA, Mariana Martins-Costa. Op. cit., p. 213.

cláusula *shotgun*, e de causas que possam invalidar tais negócios jurídicos, quais sejam: formação unilateral do preço e a condição potestativa. Tais causas podem desnaturar e, portanto, invalidar o negócio jurídico decorrente do exercício da cláusula *shotgun*.

3.1.1 Formação unilateral do preço

Como visto anteriormente, as partes podem livremente negociar a inclusão de uma cláusula *shotgun* em acordo de acionistas, a qual, em sua redação clássica, permite que, caso haja um impasse societário materialmente relevante e intransponível, uma das partes apresente uma oferta de compra da participação societária da outra, sendo que a parte que recebeu a oferta é quem decidirá se quer comprar ou vender a sua participação societária pelas condições apresentadas na proposta.

Nesse sentido, cumpre-nos chamar a atenção para o fato de que o artigo 489 do Código Civil brasileiro dispõe que: "Nulo é o contrato de compra e venda, quando se deixa ao arbítrio exclusivo de uma das partes a fixação do preço."

Da leitura do dispositivo transcrito, muitos poderiam questionar se a cláusula *shotgun*, em sua redação clássica, violaria a proibição de formação unilateral do preço descrita no mencionado artigo, posto que a cláusula *shotgun* permite que seja apresentada uma proposta unilateral de compra de participação societária por determinado preço, cabendo à outra parte apenas decidir se aceita vender a sua participação societária ou comprar a participação societária do outro pelo preço descrito na proposta recebida. Ou seja, o preço não mudará, o que mudará será a posição subjetiva das partes no negócio jurídico a ser firmado.[97]

O que fica determinado, portanto, quando da inserção da cláusula *shotgun* no acordo de acionistas é o procedimento que será seguido pelas partes, mediante uma sucessão de direitos potestativos, conforme abordado em capítulo anterior, pelo qual se chegará à concretização do contrato de compra e venda de participação societária.

Carvalho Santos, quando comenta o artigo 1.125 do antigo Código Civil de 1916, que versava sobre a nulidade do contrato de compra e

---

[97] Note-se que, no caso de apresentação de ofertas sucessivas ou outras variáveis de redação para a cláusula *shotgun*, o preço poderá ser modificado.

venda quando se deixasse ao arbítrio exclusivo de terceiros a taxação do preço, afirma que:

> O arbítrio de um dos contratantes não pode prevalecer na compra e venda, que exige o consenso das partes sobre o preço, ou, no mínimo, sobre o modo equitativo de fixá-lo. Deixar ao arbítrio de uma das partes a fixação do preço, com a obrigação assumida pela outra parte de aceitá-la, seria temeridade, pois seria a lei contribuir para verdadeiras extorsões.[98]

É de se considerar, no entanto, que a fixação do preço na cláusula *shotgun* não se dá de forma arbitrária; antes, pelo contrário, decorre do exercício, por uma das partes, de um direito previamente pactuado entre as partes e que segue um procedimento pré-determinado, consistente em uma sucessão de direitos potestativos, que se inicia com a apresentação da proposta para a outra parte a partir do exercício da opção recíproca de compra e venda forçada com inversão do poder decisório sobre a posição subjetiva descrita na cláusula *shotgun*, e segue até a formalização do contrato de compra e venda e respectiva transferência da propriedade das ações.

Concordamos com o posicionamento adotado por Mariana Martins-Costa Ferreira quando afirma que "o modo de determinação do preço do contrato de compra e venda, previsto no contrato de *Russian Roulette*, é consensual, e, principalmente, não arbitrário".[99]

Portanto, não resta dúvida de que, havendo consenso entre as partes quanto ao modo de definição do preço, como no caso da cláusula *shotgun* em sua redação clássica, entendemos ser esta válida, recepcionada pelo direito brasileiro, resultando em um contrato de compra e venda de participação societária válido e eficaz.

Nesse sentido, corroboramos o posicionamento descrito por Luiz Gastão Paes de Barros Leães, em parecer proferido acerca da álea normal do contrato e o momento do exercício das opções, segundo o qual é

---

[98] CARVALHO SANTOS, João Manoel de. *Código Civil brasileiro interpretado*: v. 16. 13. ed. Rio de Janeiro: Freitas Bastos, 1991, p. 34.
[99] FERREIRA, Mariana Martins-Costa. Op. cit., p. 259.

3. OUTRAS PATOLOGIAS

perfeitamente cabível o ajuste entre as partes de critérios objetivos para o cálculo do preço de futuro contrato de compra e venda:

> Assim, as partes que estabelecem um critério objetivo para o cálculo do preço da futura compra e venda de um bem (como ocorre no caso objeto da presente consulta), mostrando-se cientes da possibilidade de o resultado da aplicação desse critério vir a ser um valor muito diferente do valor de mercado do bem no momento da consumação do negócio, assumiram um risco ao qual não cabe a aplicação das regras relativas à onerosidade excessiva. Trata-se, pois, de uma hipótese de risco que as partes conscientemente chamaram para si, e que, por esta razão, se incorporou a álea normal do contrato.[100]

A arbitrariedade na determinação do preço, porém, como bem lembrado por Mariana Martins-Costa Ferreira, "poderá decorrer do exercício ilícito ou abuso da posição subjetiva da parte que ativar a cláusula".[101] Havendo abuso por parte da parte que fixou unilateralmente o preço, a parte prejudicada teria direito à revisão do preço do contrato, podendo tal revisão acarretar a extinção do vínculo contratual e, eventualmente, uma indenização.

Nada impede, porém, que haja a revisão do preço ou do procedimento para a formação do preço definido pelas partes quando da negociação dos termos da cláusula *shotgun*.

Dessa forma, busca-se evitar eventuais desequilíbrios que possam surgir na relação de compra e venda, mesmo que seja inerente à cláusula *shotgun* o diferimento dos seus efeitos no tempo.

Como menciona Mariana Martins-Costa Ferreira, com relação às eventuais situações de desbalanceamento entre as partes, já mencionadas quando falamos das assimetrias na seção 2.5.1.2.4:

> No que toca ao contrato *buy or sell*, havendo assimetria informacional ou financeira entre os sócios, é possível ao sócio com maior informação e, principalmente, ao sócio com maior capacidade financeira ofertar maior valor não condizente com o valor patrimonial ou econômico da sociedade.

---

[100] LEÃES, Luiz Gastão Paes de Barros. Op. cit., p. 377.
[101] FERREIRA, Mariana Martins-Costa. Op. cit., p. 259.

Com isso, o sócio em situação de desvantagem ficaria em posição difícil, haja vista que estaria desde logo vinculado ao contrato de compra e venda. Outra distorção poderia ocorrer no cumprimento do contrato *buy or sell* no caso de um dos sócios possuir interesse pessoal ou não econômico na manutenção da sua participação na sociedade. Nessa hipótese, o outro sócio pode se aproveitar dessa situação para fazer oferta de venda de sua participação na sociedade por preço muito superior ao valor patrimonial ou econômico da sociedade.[102]

Para que haja a revisão do preço, deve-se levar em consideração as condições extraordinárias e que não poderiam ser previstas pelas partes, vez que as partes, ao negociarem a inserção da cláusula *shotgun* em acordo de acionistas, assumem um certo risco.

Nesse sentido, concordamos com o posicionamento de Luiz Gastão Paes de Barros Leães, segundo o qual deverá haver a ocorrência de evento extraordinário e imprevisível para que haja a alegação da onerosidade excessiva em contratos:

> Os princípios da força obrigatória e da intangibilidade dos contratos, consubstanciados na clássica regra do *pacta sunt servanda*, continuam mantidos no direito contratual atual, ora com atenuações ou exceções que, todavia, não lhe mutilam a substância. Tais atenuações ou exceções são admitidas apenas em caráter excepcional, como ocorre nas situações contratuais que, por força de circunstâncias supervenientes, extraordinárias e imprevisíveis, se tornaram insustentáveis, em virtude de acarretarem onerosidade excessiva para um dos contratantes, rompendo com o equilíbrio sinalagmático. No direito brasileiro, o recurso ao escape da onerosidade excessiva, como forma excepcional de exoneração de obrigação, requer e não prescinde do evento extraordinário e imprevisível para a sua configuração.[103]

Não podem, portanto, os artigos 112 e 113 do Código Civil serem ignorados, posto que privilegiam a boa-fé e a intenção das partes, conforme transcritos a seguir:

> Art. 112. Nas declarações de vontade se atenderá mais à intenção nelas consubstanciada do que ao sentido literal da linguagem.

---

[102] FERREIRA, Mariana Martins-Costa. Op. cit., p. 243.
[103] LEÃES, Luiz Gastão Paes de Barros. Op. cit., p. 380.

Art. 113. Os negócios jurídicos devem ser interpretados conforme a boa-fé e os usos do lugar de sua celebração.

São, destarte, a intenção das partes e a sua boa-fé[104] elementos fundamentais para que se faça uma avaliação da necessidade de haver, ou não, uma revisão do preço ou dos mecanismos para a definição do preço de compra/venda da participação societária quando da negociação da inserção da cláusula *shotgun* no acordo de acionistas.

3.1.2 Condição meramente potestativa

Vimos anteriormente, quando da qualificação da cláusula *shotgun*, que tal cláusula pressupõe a concessão de direitos potestativos mútuos. Tais direitos potestativos podem ser formativos geradores, modificativos ou extintivos de um negócio jurídico. Diante desse fato, questiona-se se o exercício desses direitos em decorrência do disposto na cláusula *shotgun* está sujeito a uma condição meramente potestativa.

Segundo entende Orlando Gomes, as condições são elementos acidentais que as partes introduzem em um contrato (negócio jurídico) para limitar-lhe a eficácia.[105]

O artigo 121 do Código Civil brasileiro define a condição como transcrito *in verbis*: "Considera-se condição a cláusula que, derivando exclusivamente da vontade das partes, subordina o efeito do negócio jurídico a evento futuro e incerto."

São condições potestativas aquelas que sujeitam os efeitos de um negócio jurídico apenas ao puro arbítrio de uma das partes, o que é vedado pelo direito brasileiro nos termos dos artigos 122 e 123 do Código Civil brasileiro, transcritos a seguir:

Art. 122. São lícitas, em geral, todas as condições não contrárias à lei, à ordem pública ou aos bons costumes; entre as condições defesas se

---

[104] Convém citar brilhante colocação de Luiz Gastão Paes de Barros ao afirmar que: "No novo Código Civil, a boa-fé foi definida não somente como critério de interpretação da declaração de vontade (art. 113) e valoração do abuso no exercício de direitos subjetivos (art. 187), mas igualmente como uma regra de conduta imposta aos contratantes: 'Art. 422. Os contraentes são obrigados aguardar, assim na conclusão do contrato, como em sua execução, os princípios da probidade e da boa-fé'." (Leães, Luiz Gastão Paes de Barros. Op. cit., p. 396).

[105] Gomes, Orlando. Op. cit., p. 189.

> incluem as que privarem de todo efeito o negócio jurídico, ou o sujeitarem ao puro arbítrio de uma das partes.
> Art. 123. Invalidam os negócios jurídicos que lhe são subordinados:
> I – as condições física ou juridicamente impossíveis, quando suspensivas;
> II – as condições ilícitas, ou de fazer coisa ilícita;
> III – as condições incompreensíveis ou contraditórias.

Nesse sentido, questiona-se se a sujeição do exercício da opção recíproca de compra e venda forçada com inversão do poder decisório sobre a posição subjetiva inserta na cláusula *shotgun* sujeita ao puro arbítrio de qualquer uma das partes se enquadraria na vedação estabelecida pelo Código Civil brasileiro.

Cumpre-nos ressaltar que a condição potestativa concedida para ambas as partes pela cláusula *shotgun* em sua redação clássica está diretamente ligada à existência do impasse societário materialmente relevante e intransponível. Ou seja, o exercício da opção recíproca de compra e venda forçada com inversão do poder decisório sobre a posição subjetiva intrínseca à cláusula *shotgun* está condicionado à existência de um fator externo, qual seja: a ocorrência do impasse (*deadlock*) societário.

Nesse diapasão, Judith Martins-Costa acertadamente coloca que não se há de confundir o exercício do direito potestativo formativo com a condição potestativa vedada em lei, conforme segue:

> Não se há de confundir, obviamente, exercício de direito formativo (potestativo) com as hipóteses legais de vedação à arbitrariedade, *e.g.*, a condição potestativa (Código Civil, art. 121), assim tidas aquelas que sujeitam os efeitos do negócio jurídico "ao puro arbítrio de uma das partes", ou à cláusula que, na compra e venda, deixa ao "arbítrio de uma das partes a fixação do preço", como prevê o art. 489 do Código Civil.[106]

Adicionalmente, Mariana Martins-Costa Ferreira coloca que a cláusula *shotgun* está sujeita a condição simplesmente potestativa e não a condição meramente potestativa, conforme disposto a seguir:

> Considerando que o direito formativo modificador somente passa a ser exercível após o exercício do direito formativo gerador e extintivo, o exercício do direito formativo modificador está sujeito à condição sim-

---

[106] MARTINS-COSTA, Judith. Op. cit., p. 549.

plesmente potestativa e não condição puramente potestativa. Isso porque os efeitos do direito formativo modificador não dependem exclusivamente da vontade da outra parte que ativou a cláusula, mas da ocorrência do impasse. Assim, ao que tudo indica, não haveria qualquer vedação ao condicionamento do exercício do direito formativo modificador do contrato *buy or sell* ao impasse e ao exercício do direito formativo gerador e extintivo pela outra parte. Trata-se de decorrência lógica da própria finalidade do procedimento *buy or sell*.[107]

Diante de todo o exposto, não há que se falar na ilicitude da cláusula *shotgun*, podendo-se concluir que tal cláusula constitui um negócio jurídico atípico, a qual tem como causa para a sua ativação a ocorrência de um impasse societário materialmente relevante e intransponível. A cláusula *shotgun* é, portanto, lícita e aceita pelo ordenamento jurídico pátrio.

Contudo, nada impede que as partes se utilizem de artifícios ilícitos anteriores à formação do negócio jurídico intrínseco à cláusula *shotgun*, ou seja, anteriores à concretização do contrato de compra e venda de participação societária, para atingir a consecução da sua medida final, que é a saída da outra parte da sociedade, conforme veremos a seguir.

3.2 Ilicitude anterior à formação do contrato de compra e venda

O Código Civil brasileiro, em seus artigos 186[108] e 187,[109] preceitua que comete ato ilícito aquele que (i) "violar direito ou causar dano a outrem, ainda que exclusivamente moral", ou que, (ii) ao exercer um direito, "excede manifestamente os limites impostos para o seu fim econômico ou social, pela boa-fé ou pelos bons costumes".

Judith Martins-Costa, ao comentar os artigos do Código Civil brasileiro supracitados, pontua acerca da noção legal de ilicitude civil, dispondo que:

> No Direito brasileiro o cerne desses parâmetros normativos está localizado no art. 187 do Código Civil. Este qualifica como ilícito também o

---

[107] FERREIRA, Mariana Martins-Costa. Op. cit., p. 158-159.
[108] "Art. 186. Aquele que, por ação ou omissão voluntária, negligência ou imprudência, violar direito e causar dano a outrem, ainda que exclusivamente moral, comete ato ilícito."
[109] "Art. 187. Também comete ato ilícito o titular de um direito que, ao exercê-lo, excede manifestamente os limites impostos pelo seu fim econômico ou social, pela boa-fé ou pelos bons costumes."

ato cometido pelo "titular de um direito que, ao exercê-lo, excede manifestamente os limites impostos pelo seu fim econômico ou social, pela boa-fé ou pelos bons costumes". O advérbio indica claramente que a noção legal de ilicitude civil recobre não apenas a ilicitude subjetiva, isto é, o ato (doloso ou culposo, voluntário, negligente ou imprudente; comissivo ou omissivo) que viola direito e causa dano a outrem (art. 186), mas, da mesma forma, aquela configurada no momento do exercício de posições jurídico-subjetivas, quando este for inadmissível ou disfuncional, segundo certas balizas que o enunciado legal pontua. E, situados no art. 187 como balizas ao exercício jurídico lícito, o princípio da boa-fé e a diretriz da adstrição ao fim econômico ou social do direito acabam por atuar como fatores de conformação ao exercício de direitos subjetivos ou de direitos formativos, ora determinando a ineficácia apenas parcial, ora a perda ou a "paralisação" do direito exercido ilicitamente.

É por via do comando do art. 187 supracitado que, em certas hipóteses, o "direito de ativar" a cláusula (isto é: exercer o direito formativo nela contido), bem como o direito de escolher entre as posições de vendedor e de comprador poderá vir a ser tido como ilícito, o que ocorre [...] quando esse exercício revelar o aproveitamento oportunista (desleal) de uma situação de assimetria entre os sócios.[110]

Já discorremos no capítulo 2 do presente livro acerca das vantagens e desvantagens da inserção da cláusula *shotgun* em acordo de acionistas. Assim como também já tratamos das condições ideais de simetria e equilíbrio para que haja um melhor aproveitamento da cláusula *shotgun* em acordo de acionistas.

Resta claro e evidente que, para um melhor aproveitamento do mecanismo contratual de resolução de disputa societária descrito na cláusula *shotgun*, as partes estejam em uma situação de equilíbrio de forças. Logo, faz-se necessário que haja uma simetria entre ambos os lados da relação negocial.

Todavia, podem ocorrer situações de oportunismo nas quais as partes realizam atos ilícitos visando atingir a *ultima ratio* da cláusula *shotgun*, que é a saída de um dos acionistas da empresa. Nesse contexto, uma situação de assimetria de forças é um campo fértil para a realização de

---

[110] MARTINS-COSTA, Judith. Op. cit., p. 550-551.

atos ilícitos por um dos acionistas, como, por exemplo: (i) provocar de forma maliciosa o impasse societário com o intuito de ativar a cláusula *shotgun* com o fim último de tirar um acionista do quadro societário; e (ii) abusar do direito ao exercício da cláusula *shotgun*, extrapolando os limites impostos pelo artigo 187[111] do Código Civil brasileiro, conforme passaremos a analisar a seguir.

3.2.1 Provocar maliciosamente o impasse societário

Vimos anteriormente que, para que a cláusula *shotgun* seja exercida por um dos acionistas, é imprescindível que ocorra um impasse societário. Vimos também, ao discorrermos sobre o conceito de impasse societário no direito brasileiro, que este deve versar sobre matéria relevante, cuja falta de aprovação em sede de assembleia geral de acionistas ou reunião de sócios gere um alto risco de paralisação ou descontinuidade do negócio.

Como bem coloca Mariana Martins-Costa Ferreira, não raros são os casos em que um dos acionistas provoca o exercício da cláusula *shotgun*, para tanto praticando atos de forma maliciosa, visando ao fim último que é a saída do outro acionista, como transcrito a seguir:

> Trata-se dos casos em que uma das partes realiza ato ou série de atos jurídicos, com o intuito de causar a ocorrência do impasse societário, provocando, com isso, artificialmente, o surgimento dos direitos potestativos nos contratos preparatórios *buy or sell* [...].
> Desvirtua-se a finalidade para a qual o contrato foi celebrado. Ao invés de servir como última medida para resolver o impasse entre os sócios, a cláusula passa a atuar em prol dos interesses particulares e ilegítimos de um dos sócios.[112]

Destarte, aquele que maliciosamente provoca o impasse societário com o intuito de ativar o exercício da cláusula *shotgun* comete ato ilícito e viola direito alheio, enquadrando-se no disposto no art. 186 do Código

---

[111] "Art. 187. Também comete ato ilícito o titular de um direito que, ao exercê-lo, excede manifestamente os limites impostos pelo seu fim econômico ou social, pela boa-fé ou pelos bons costumes."

[112] Ferreira, Mariana Martins-Costa. Op. cit., p. 268-269.

Civil brasileiro, que dispõe *in verbis*: "Aquele que, por ação ou omissão voluntária, negligência ou imprudência, violar direito e causar dano a outrem, ainda que exclusivamente moral, comete ato ilícito."

Adicionalmente, dispõe o art. 129 do Código Civil brasileiro que:

> Reputa-se verificada, quanto aos efeitos jurídicos, a condição cujo implemento for maliciosamente obstado pela parte a quem desfavorecer, considerando-se, ao contrário, não verificada a condição maliciosamente levada a efeito por aquele a quem aproveita o seu implemento.

Ora, regular a materialidade do impasse societário que servirá como condição para o exercício da cláusula *shotgun* por uma das partes é, portanto, fundamental quando da negociação da redação da cláusula no acordo de acionistas. O fato de um acionista desejar a compra de veículos para os administradores e o outro discordar é um fato que não deveria gerar o impasse societário que serviria como condição para o exercício da cláusula *shotgun*, posto que referido impasse em nada altera a vida societária da empresa. Se isso fosse possível, muito mais provável seria a provocação maliciosa do impasse societário por um dos acionistas.

Nesse sentido, a razão pela qual o impasse societário só deve ser considerado como aquele que versa sobre uma matéria relevante, sobre a qual os acionistas não conseguem chegar a um consenso (conflito societário intransponível), é exatamente a de evitar que qualquer briga de acionistas, qualquer pequena discussão provocada de forma maliciosa por uma das partes gere uma solução drástica decorrente do exercício da cláusula *shotgun*, que é a consequente saída de um dos acionistas da empresa.

Uma vez reguladas no acordo de acionistas as matérias relevantes que possam gerar um impasse societário que servirá como condição para ativar o exercício da cláusula *shotgun*, torna-se mais difícil que uma das partes se utilize dessas manobras de forma maliciosa para que tal condição (*trigger*) ocorra de maneira artificial.

A parte que provoca o exercício da cláusula *shotgun* por via da prática de atos ilícitos que artificialmente induzam a um impasse societário estará sujeita a responder por perdas e danos, sendo removidos os efeitos da ocorrência da condição artificialmente ocorrida.[113] Nesse sentido, o

---

[113] FERREIRA, Mariana Martins-Costa. Op. cit., p. 270.

exercício do direito potestativo de ativar o exercício da cláusula *shotgun* deve ser considerado sem efeitos, e, como consequência, o contrato de compra e venda projetado inexistirá.[114]

Outra possibilidade seria o ato ilícito provocado pela parte ocorrer após o surgimento do impasse societário, estando a parte violando os limites impostos pelo art. 187 do Código Civil brasileiro, conforme veremos a seguir.

3.2.2 Abuso de direito no exercício da cláusula *shotgun*

No capítulo 2 do presente livro, ao discorrermos acerca da qualificação da cláusula *shotgun*, vimos que esta pressupõe a concessão de direitos potestativos mútuos. Vimos também que o direito potestativo formativo gerador do negócio jurídico bilateral pode ser exercido por qualquer das partes.

Ocorre que, em alguns casos, as partes podem exercer tal poder-direito (direito potestativo) com abuso de direito, ou seja, extrapolando os limites legais estabelecidos pelo artigo 187 do Código Civil Brasileiro, a seguir transcrito *in verbis*: "Também comete ato ilícito o titular de um direito que, ao exercê-lo, excede manifestamente os limites impostos pelo seu fim econômico ou social, pela boa-fé, ou pelos bons costumes."

Da leitura do artigo 187, mencionado anteriormente, claramente se percebe que a conduta e o exercício dos direitos potestativos pelas partes deverão ser pautados nos limites relacionados ao fim econômico ou social, à boa-fé e aos bons costumes.

Nesse sentido, Mariana Martins-Costa Ferreira, ao mencionar os limites impostos às condutas dos acionistas pautados no fim econômico ou social, na boa-fé e nos bons costumes, conclui que:

> De todo exposto até aqui, pode-se concluir, ao final, que a boa-fé objetiva, na sua função corretora de condutas, deverá pautar e limitar o exercício do direito potestativo decorrente das cláusulas *buy or sell* e de opção para impossibilitar conduta desleal, contraditória, não colaborativa, com intuito emulativo, em desacordo com as legítimas expectativas da outra parte, em afronta à confiança depositada pela outra parte, etc.

---

[114] FERREIRA, Mariana Martins-Costa. Op. cit., p. 274-275.

Como se viu, não apenas a boa-fé objetiva atuará como critério material de limitação do exercício de posições jurídicas, nos termos do art. 187, do Código Civil.

O critério da limitação do direito ou posições jurídicas pelo fim social ou econômico está diretamente relacionado, por sua vez, às circunstâncias do caso concreto. Em outras palavras, é o critério material de ligação do exercício do direito com o negócio jurídico subjacente, em seu tempo e modo celebrado. Assim, deve-se tutelar a confiança legitimamente depositada naquela relação jurídica, com base na intenção das partes em determinado negócio jurídico.

Sob essa perspectiva, para além dos dados fáticos do caso concreto, há que se ponderar, em última medida, que os direitos potestativos outorgados às partes por meio dos contratos *buy or sell* e de opção têm como escopo especificamente a resolução de impasse societário, por meio do término da relação associativa entre as partes. A utilização desses direitos para qualquer outro fim que não a resolução do impasse torna o exercício do direito ilícito, sujeito às sanções jurídicas cabíveis.

Por fim, o critério material dos bons costumes está relacionado com a noção sociológica de convicção popular, ou seja, aqueles valores morais — mutáveis ou não — compreendidos pela sociedade como essenciais à pacífica convivência entre os indivíduos. [...] Nesse sentido, o exercício do direito potestativo deve estar limitado também pelos valores morais encontrados na sociedade, sendo inaceitável conduta que os viole.[115]

Destarte, para os casos em que um dos acionistas pratica atos com abuso de direito extrapolando os limites legais, conforme mencionado, deverá haver a remoção dos efeitos do ato ilícito, evitando-se a formação do contrato de compra e venda de participação societária com base em exercício ilícito do direito potestativo praticado por uma das partes.

---

[115] Ferreira, Mariana Martins-Costa. Op. cit., p. 290-291.

4. Exequibilidade da cláusula *shotgun*

Diante da omissão do direito societário brasileiro com relação à exequibilidade da cláusula *shotgun* em juízo, mas considerando-se que a cláusula *shotgun* não só foi recepcionada pelo direito brasileiro como é recorrentemente utilizada na prática pelos operadores do direito em acordos de acionistas como forma de solucionar disputas societárias sem a necessidade de se recorrer ao Poder Judiciário, ou a tribunal arbitral, questiona-se se a existência da cláusula em instrumento societário adequado pode ser exequível em juízo, inclusive sem a necessidade de qualquer outro processo ou procedimento anterior ao processo de execução.

Segundo corretamente preceituam Walfrido Jorge Warde Júnior e Ruy de Mello Junqueira Neto, o simples fato de os acionistas de uma determinada sociedade terem acordado a inserção de cláusula de opção recíproca de compra e venda forçada com inversão do poder decisório sobre a posição subjetiva em instrumento societário que atenda a todos os requisitos materiais e formais, por si só já implicaria a possibilidade de sua execução judicial: "Aquele que assumiu o dever de transferir quotas sociais poderá ser compelido a fazê-lo, por meio de ação judicial em que se busque o cumprimento forçado dessa obrigação."[116]

---

[116] WARDE JÚNIOR, Walfrido Jorge; JUNQUEIRA NETO, Ruy de Mello. *Direito societário aplicado*: baseado nos precedentes das câmaras reservadas de direito empresarial do Tribunal de Justiça do Estado de São Paulo. São Paulo: Saraiva, 2014, p. 86.

Adicionalmente, afirmam os mesmos autores mencionados que: "O documento desprovido de requisitos formais e materiais, que expresse a efetiva compra e venda de quotas sociais, não é título hábil a ser averbado no registro do comércio, especialmente para os fins de transferência forçada de quotas sociais entre os contraentes."[117]

Resta por óbvio afirmar que uma cláusula *shotgun* mal redigida pelo operador do direito e que não contenha os requisitos formais e materiais necessários para a sua execução faz com que a cláusula se torne inexequível no direito brasileiro, faltando a um dos acionistas o título executivo hábil para exigir a consecução forçada da operação de compra e venda de participação societária.

Como visto no capítulo 2 do presente livro, uma vez exercida por um dos acionistas a opção recíproca de compra e venda forçada com inversão do poder decisório sobre a posição subjetiva, perfaz-se, imediatamente, a relação jurídica de compra e venda de participação societária, pela qual um dos acionistas deverá transferir a participação societária em contrapartida ao recebimento do preço, conforme descrito na cláusula *shotgun*. Trata-se, portanto, de uma relação jurídica de compra e venda perfeita que gera uma obrigação de entregar a coisa em troca do preço previamente acordado.

Nesse sentido, entendemos que, para que a cláusula *shotgun* seja efetivamente cumprida e exequível em juízo, mister se faz o cumprimento de todos os requisitos materiais e formais estabelecidos em lei e em normativos publicados pelo órgão de registro do comércio, em dois momentos distintos: (i) quando da assinatura de acordo de acionistas, após a negociação para a inserção de cláusula *shotgun*; e (ii) quando do aperfeiçoamento da relação jurídica de compra e venda resultante do exercício da opção recíproca de compra e venda forçada com inversão do poder decisório sobre a posição subjetiva descrita na cláusula *shotgun* por um dos acionistas.

Por outro lado, que sentido faria a inclusão da cláusula *shotgun* em acordo de acionistas como um mecanismo contratual para prevenção e resolução de disputas societárias se tal cláusula não pudesse ser executada em juízo em caso de eventual disputa ou desentendimento futuro entre acionistas?

---

[117] WARDE JÚNIOR, Walfrido Jorge; JUNQUEIRA NETO, Ruy de Mello. Op. cit., p. 87.

4. EXEQUIBILIDADE DA CLÁUSULA *SHOTGUN*

Entendemos, portanto, que o acionista que assumiu no acordo de acionistas devidamente firmado, sem qualquer vício material ou formal, o dever, a obrigação de transferir a participação societária nos casos em que a opção recíproca de compra e venda forçada com inversão do poder decisório sobre a posição subjetiva for exercida, poderá recorrer ao Poder Judiciário para buscar o cumprimento forçado da obrigação de compra e venda de participação societária nos termos e condições pré-acordados na cláusula *shotgun*.

Adicionalmente, conforme já mencionado anteriormente, entendemos ser perfeitamente cabível a inserção no acordo de acionistas, junto com a cláusula *shotgun*, de uma cláusula mandato que confira poderes à parte adquirente da participação societária para formalizar a transferência da propriedade da participação societária como consequência da execução da cláusula *shotgun*.

Alguns países vão mais além no que diz respeito às disputas judiciais relacionadas a brigas societárias, permitindo aos juízes e tribunais que apliquem a cláusula *shotgun* ou outra cláusula contratual com mecanismo de resolução de disputa similar inclusive nos casos em que as partes não tenham formalmente inserido tal cláusula em acordo de acionistas ou qualquer outro instrumento societário.

Tal fato ocorreu, por exemplo, no Canadá, em decisão proferida pela Suprema Corte da British Columbia na ação judicial *Kinzie v. The Dells Holdings Ltd.*, na qual o julgador entendeu ser o mecanismo descrito na cláusula *shotgun* o mais adequado para solucionar um impasse entre as partes, conforme segue:

> Após considerar estas opções, entendo ser o remédio mais apropriado nestas circunstâncias ordenar uma venda *shotgun* [*shotgun sale*], seguida de uma venda de mercado [*market sale*] se a parte adquirente não tiver condições de obter financiamento. Ambas as partes têm o desejo de adquirir a participação societária da outra parte na Dell, independentemente se os seus motivos são de continuar operando o shopping center a longo prazo ou de vendê-lo a um desenvolvedor em momento mais oportuno. Porque a conduta das partes não constitui opressão nem injustiça nos significados descritos no artigo 227(2) do Act, não seria apropriado excluir os réus da oportunidade de comprar a participação dos autores devido a qualquer irregularidade da sua parte. Mais ainda,

um direito igual de participar da compra está em conexão com participação societária de 60% dos réus na Dell.¹¹⁸

Claudia Landeo e Kathryn Spier entendem inclusive que, se o Poder Judiciário tivesse a autonomia necessária para aplicar a cláusula *shotgun* visando resolver conflitos societários em ações judiciais, as consequências seriam um processo judicial menos moroso, com menos intervenção judicial e menos custoso para as partes, conforme afirmam a seguir:

> Se o Poder Judiciário aplicar mais corriqueiramente os procedimentos do mecanismo de *shotgun* como sentença judicial para a solução de disputas societárias, mais equânimes seriam os resultados obtidos, vez que as partes barganhariam sob o guarda-chuva do mecanismo *shotgun* e, consequentemente entrariam em acordo com relação às suas diferenças fora do âmbito judicial.¹¹⁹

Para as autoras Landeo e Spier, mencionadas anteriormente, apesar do seu potencial benefício, as cortes judiciais dos Estados Unidos raramente usam o mecanismo descrito na cláusula *shotgun* para resolver *deadlocks* societários, ao passo que, no Canadá, os juízes frequentemente aplicam o mecanismo descrito na cláusula *shotgun* para resolver divórcios societários.

---

[118] Tradução livre de: *"After considering these options, I find the most appropriate remedy in the circumstances is to order a "shot gun" sale with a market sale to follow if the purchasing party is unable to obtain financing. Both parties have a desire to acquire ownership of the other's interest in Dell, regardless of whether their motive is to continue operating the shopping centre in the long term or to sell it to a developer at the optimum time. Because the conduct of the parties does not constitute oppression or unfairness within the meaning of s. 227(2) of the Act, it is not appropriate to exclude the respondents from an opportunity to buy out the petitioners due to any wrongdoing on their part. Moreover, an equal right to participate in the buyout is in keeping with the respondents' 60% equity ownership in Dell."* (CANADÁ. British Columbia. Supreme Court of British Columbia. *Kinzie v. The Dells Holdings Ltd.*, j. 28 set. 2010).

[119] Tradução livre de: *"Moreover, if shotgun mechanisms become a commonly-applied valuation procedure and default remedy for the judicial resolution of business deadlock, then more equitable private outcomes will be obtained as parties will bargain in the shadow of the Shotgun mechanism and settle their differences out of court."* (LANDEO, Claudia M.; SPIER, Kathryn E. Irreconcilable Differences: Judicial Resolution of Business Deadlock. *The University of Chicago Law Review*, v. 81, n. 1, p. 203-227, 2014. Disponível em: http://uchicagolawjournalsmshaytiubv.devcloud. acquia-sites.com/sites/lawreview.uchicago.edu/files/09_Landeo-Spier_SYMP.pdf. Acesso em: 22 mar. 2018).

Landeo e Spier apontam inclusive que, se o mecanismo de resolução de disputas societárias da cláusula *shotgun* fosse mais comumente utilizado pelo Poder Judiciário, muito provavelmente os sócios resolveriam os seus impasses extrajudicialmente, tentando evitar ao máximo recorrer à intervenção judicial.[120]

No Brasil, após extensa pesquisa jurisprudencial sem nada encontrarmos a respeito da possibilidade de execução da cláusula *shotgun* em juízo, podemos concluir que a maior parte das discussões societárias sequer chega ao Poder Judiciário. Muito provavelmente são objeto de procedimentos arbitrais com caráter sigiloso, ou são resolvidas via alguma forma alternativa de resolução de conflitos societários.

4.1 Aparente contradição: possibilidade de questionamento da cláusula perante o Judiciário

O questionamento do exercício e da execução da cláusula *shotgun* pode parecer um tanto contraditório — afinal, como dito anteriormente, a cláusula *shotgun* nada mais é do que um mecanismo contratual que surgiu como forma de evitar que um impasse societário seja levado para discussão em juízo, na busca pelas partes de uma solução mais célere, mais equânime e menos custosa para ambos os lados envolvidos na disputa societária.

Porém, assim como nos parece razoável a possibilidade de execução da cláusula *shotgun* em juízo desde que prevaleçam os requisitos materiais e formais relacionados ao instrumento societário descritos em lei, também nos parece razoável a possibilidade de questionamento da incidência e execução da cláusula *shotgun* perante o Poder Judiciário nos casos em que tais requisitos não tenham sido devidamente cumpridos pelas partes.

Como mencionam Walfrido Jorge Warde Júnior e Ruy de Mello Junqueira Neto, tal questionamento em juízo é possível, cabendo ao magistrado, com base no conteúdo probatório de ação judicial cujo objeto seja o questionamento da aplicação de cláusula *shotgun*, decidir, de acordo com o seu livre arbítrio e convencimento, acerca da aplicabilidade da cláusula a cada caso concreto: "Havendo dúvida acerca da ocorrência

---

[120] LANDEO, Claudia M.; SPIER, Kathryn E. Shotguns and Deadlocks. Op. cit.

dos fatos constitutivos desse dever, a ordem de transferência pleiteada em ação judicial não prescindirá do livre convencimento do magistrado, ao longo da instrução probatória."[121]

4.2 Recomendações

A seguir, sugerimos algumas recomendações e pontos de atenção para que o uso e a execução da cláusula *shotgun* por um dos acionistas seja feito de forma a se alcançar um resultado mais equânime possível, afastando-se eventuais oportunismos e desvantagens para qualquer um dos lados.

Entendemos que o operador do direito deverá se atentar para as recomendações mencionadas adiante em momento prévio de negociação para a inserção da cláusula *shotgun* em acordo de acionistas.

4.2.1 Procedimentos prévios de negociação capazes de afastar possíveis assimetrias/desvantagens entre acionistas

Diante dos riscos de ensejar oportunismo por parte de um dos acionistas de uma determinada sociedade, conforme exposto, é importante que a cláusula *shotgun* somente seja inserida nos acordos de acionistas mediante criteriosa análise dos riscos associados à sua aplicação para cada acionista, individualmente considerado — nesse caso, a expressão "individualmente considerado" engloba também a possibilidade de haver um bloco de acionistas, como mencionado anteriormente no presente livro.

Nos casos em que fizer sentido a sua inserção no acordo de acionistas, algumas medidas devem ser consideradas na elaboração da cláusula *shotgun*, dentre as quais pode-se citar as que seguem, que não necessariamente devem ser utilizadas em sua totalidade, a depender do caso concreto.

4.2.1.1 *Lock up period* relacionado à cláusula *shotgun*

Ao se inserir uma cláusula *shotgun* em um acordo de acionistas, pode-se definir um *"lock up period"* como sendo um período durante o qual a cláusula *shotgun* não poderá ser exercida por qualquer dos acionistas,

---

[121] WARDE JÚNIOR, Walfrido Jorge; JUNQUEIRA NETO, Ruy de Mello. Op. cit., p. 86.

para evitar que ao primeiro desentendimento, tão logo a sociedade seja constituída, por exemplo, a cláusula *shotgun* já seja exercida desencadeando a saída de um dos acionistas da sociedade.

Durante o período de *lock up*, o ideal seria estipular outros mecanismos de solução de impasse, como o adiamento das decisões, o escalonamento da discussão para níveis hierárquicos superiores, a mediação, a conciliação ou a arbitragem.

4.2.1.2 Garantia do acesso à informação

Um dos princípios basilares da governança corporativa é o da transparência. O conceito de transparência encontra-se bem definido no "Código das melhores práticas de governança corporativa" elaborado e publicado pelo Instituto Brasileiro de Governança Corporativa ("IBGC"), conforme segue transcrito, *in verbis*, a seguir:

> Transparência — Consiste no desejo de disponibilizar para as partes interessadas as informações que sejam de seu interesse e não apenas aquelas impostas por disposições de leis ou regulamentos. Não deve restringir-se ao desempenho econômico-financeiro, contemplando também os demais fatores (inclusive intangíveis) que norteiam a ação gerencial e que conduzem à preservação e à otimização do valor da organização.[122]

Em um mundo ideal, todos os acionistas deveriam ter o mesmo acesso a todas as informações da empresa, independentemente de o sócio estar presente ou não no seu dia a dia.

Em um cenário como este, é evidente que qualquer uma das partes teria condições de exercer a cláusula *shotgun*, formulando oferta de venda ou compra, com base no mesmo nível de conhecimento do negócio, o que asseguraria, pelo menos no que respeita ao item informações, condições equitativas de exercício da cláusula. Ao contrário, caso uma das partes não detenha o mesmo nível de informação e conhecimento do negócio, terá menos possibilidade de formular oferta justa ou de avaliar eventual oferta recebida.

É importante, nesse sentido, que se garanta a todos os acionistas o mesmo nível de conhecimento do negócio, ou, não sendo isso possível,

---

[122] INSTITUTO BRASILEIRO GOVERNANCA CORPORATIVA — IBGC. Op. cit.

que se estipule que cabe ao acionista detentor das informações definir o valor da oferta quando do exercício da cláusula *shotgun*. O objetivo consiste em garantir que a oferta de compra ou venda da participação societária para a outra parte seja feita por quem tem maior conhecimento e mais informações sobre a empresa. Como essa parte, ao formular a oferta, não saberia se teria sua participação societária comprada ou se teria que adquirir a participação da outra parte, aumentar-se-iam as chances de a oferta se dar por preço mais justo e equânime.

Nesse sentido, Claudia M. Landeo e Kathryn E. Spiers tratam de pesquisa empírica que conduziram nos Estados Unidos da América, na qual constataram que, quando a primeira oferta de compra ou venda no exercício da cláusula *shotgun* é realizada pelo acionista que detém a maior parte da informação sobre o valor do negócio, os resultados são mais equânimes, conforme segue:

> O nosso experimento simulou um impasse societário em uma sociedade com dois sócios na qual apenas um dos sócios sabia o verdadeiro valor dos ativos do negócio. Dois tratamentos diferentes foram considerados. No primeiro tratamento, o sócio mais bem informado foi obrigado a fazer a oferta de compra ou venda, no segundo tratamento, o sócio menos informado foi obrigado a fazer a oferta de compra ou venda. Os nossos achados com estes experimentos dão suporte aos seguintes argumentos: (i) resultados não equânimes ocorreram quando o sócio menos informado fez a oferta de compra ou venda. Especificamente, quando o sócio mais bem informado foi obrigado a fazer a oferta de compra ou venda, ele verdadeiramente revelou a sua informação privada ao sócio menos informado. Como é do nosso melhor conhecimento, este experimento foi o primeiro estudo de mecanismos de *shotgun* mandatórios no qual uma parte sabia o valor dos ativos da sociedade e a outra não sabia.[123]

---

[123] Tradução livre de: *"Our experimental design simulated a deadlock business venture with two owners where only one of the two owners knew the true value of the business assets. Two different treatments were considered. In the first treatment, the better-informed owner was compelled to make buy-sell offer, in the second treatment, the less-informed owner was compelled to make the buy-sell offer. Our experimental findings support our arguments: (1) Inequitable outcomes arose when the less informed owner made the buy-sell offer. Specifically, when obligated to make a buy-sell offer the better-informed owner truthfully revealed his private information to the less-informed owner. To the best of our knowledge, ours is the first experimental study of mandatory Shotgun mechanisms where one party*

Cumpre-nos salientar que tal pesquisa empírica foi conduzida nos Estados Unidos da América e que, até a presente data, não temos conhecimento de nenhuma pesquisa semelhante ter sido realizada no Brasil. Adicionalmente, entendemos que, se conduzida aqui no Brasil, fatores como cultura, educação, conhecimento da legislação, etc. das pessoas envolvidas com certeza influenciariam no resultado da pesquisa, a qual poderia vir a ter um viés diferente do resultante da pesquisa norte-americana.

4.2.1.3 Garantia do tempo para buscar financiamento

Como já debatido na seção 2.5.1.2.4, a assimetria de poder econômico é fator que pode descaracterizar a cláusula *shotgun* e gerar abusos ou atitudes oportunistas por parte do acionista economicamente mais forte.

Em se constatando essa assimetria, não há como se alterar a condição econômica do acionista menos favorecido, mas é possível e desejável que se assegure a ele condições de buscar fontes de financiamento que lhe garantam a capacidade de decidir entre comprar ou vender, seja mediante a contratação de empréstimos, busca de investidores ou quaisquer outras formas de levantamento de recursos financeiros admitidas em lei.

Não foi outro o entendimento de Richard Brooks, Claudia Landeo e Kathryn Spiers, ao apontarem a situação de desigualdade de capacidade financeira entre acionistas como fator a exigir parcimônia na adoção da cláusula *texas shootout*, e o estabelecimento de prazo razoável para que a outra parte possa buscar algum tipo de financiamento para que o equilíbrio financeiro possa ser restabelecido:

> [...] Cláusulas *Texas Shootout* devem ser adotadas com cautela quando os sócios não tenham igual capacidade financeira. De fato, problemas de liquidez enfrentados por um dos sócios podem criar uma vantagem para que o outro sócio adquira os ativos a um preço predatório. Quando um dos sócios tem uma capacidade financeira superior, há uma desvantagem negocial para o outro sócio, e não é incomum que o outro sócio em desvantagem alegue a sua exclusão de forma imprópria ou forçada.

knows the value of the assets while the other does not." (LANDEO, Claudia M.; SPIER, Kathryn E. Shotguns and Deadlocks. Op. cit.).

As Cortes estão atentas a essas questões, tratando as ofertas de compra ou venda como sendo presumidamente justas e permitindo que as obrigações fiduciárias, ainda que imperfeitas, limitem a compra ou venda predatória.[124]

Atualmente, existem fundos de *private equity* constituídos com o objetivo específico de prover recursos e financiamento para acionistas de sociedade anônima que recebem uma oferta de compra ou venda de participação societária decorrente do exercício de uma cláusula *shotgun* em acordo de acionistas, como é o caso, por exemplo, da empresa Shotgun Fund, sediada em Toronto, no Canadá.[125]

Tais fundos são especializados em assessorar financeiramente acionistas que se encontram em um impasse societário e estejam em uma posição de desvantagem financeira em relação ao outro acionista.

4.2.1.4 Tratamento relacionado às eventuais garantias da sociedade

Uma medida importante quando da negociação da inclusão da cláusula *shotgun* em acordo de acionistas é a definição de qual tratamento será conferido a eventuais garantias que tenham sido prestadas pelo acionista em período anterior ao exercício da cláusula *shotgun*.

Considerando que a cláusula *shotgun* é um mecanismo de solução de impasse societário que implica automaticamente a saída de um dos acionistas da sociedade, o ideal seria que houvesse um tratamento estipulado no acordo de acionistas para tais situações, vez que, na maioria das

---

[124] Tradução livre de: "[...] *Texas Shootout clauses should be adopted with caution when owners do not have equal financial capabilities. Indeed, liquidity constraints faced by one partner can create an advantage for the other partner to acquire the assets at a predatory price. When one partner's superior financial capacity creates a bargaining disadvantage for the other partner, it is not uncommon for the disadvantaged partner to claim improper exclusion or foreclosure. Courts are attentive to these complaints, treating buy-sell offers as only presumptively fair and allowing background fiduciary obligations to limit, though imperfectly, predatory buyouts. Shareholders agreements that give sufficient time to respond to a buy-sell offer and arrange finance and administrative matters might be recommended.*" (BROOKS, Richard R. W.; LANDEO, Claudia M.; SPIER, Kathryn E. Trigger Happy or Gun Shy? Dissolving Common-value Partnerships with Texas Shootouts. *Harvard Law School Discussion Paper*, n. 630, mar. 2009).

[125] THE SHOTGUN FUND. *Shotgun Clause & Buy-Sell Agreements from the Shotgun Fund*. Disponível em: http://www.shotgunfund.com/index.htm. Acesso em: 09 jan. 2018.

vezes, a saída de um dos acionistas implica a renúncia deste às garantias e avais conferidos a empréstimos recebidos pela sociedade, bem como no vencimento antecipado das dívidas contraídas por esse acionista quando ainda era acionista da sociedade.

A negociação prévia em acordo de acionistas, com relação à substituição das garantias, avais, bem como a assunção da dívida pelo acionista remanescente junto aos credores da sociedade, pode minimizar os riscos de a cláusula ser aplicada por abuso de poder. Caso esta primeira alternativa não seja possível, ou afete a sociedade de forma negativa, outra possibilidade consiste no oferecimento, pelo acionista remanescente, comprador da parte societária em decorrência do exercício da cláusula *shotgun*, de contragarantia ao acionista que deixou o quadro societário.

4.2.1.5 Tratamento relacionado a eventuais contingências

Outra medida importante quando da negociação da inclusão da cláusula *shotgun* em acordo de acionistas consiste na definição do tratamento atribuído em relação a eventuais contingências da sociedade, inclusive aquelas que possam surgir após a saída de um dos acionistas da sociedade, mas que sejam relacionadas ao período no qual o acionista que se desligou ainda fazia parte do quadro societário da sociedade. O objetivo dessa recomendação é lembrar aos acionistas que poderão existir contingências não identificadas ou não refletidas de forma adequada no balanço social e nas demonstrações financeiras da sociedade, as quais poderão afetar diretamente o preço a ser pago na operação de compra e venda da participação societária quando da execução da cláusula *shotgun* por um dos acionistas.

Normalmente, os passivos contingentes[126] devem ser reconhecidos contabilmente no balanço social, conforme dispõem as normas do Comitê

---

[126] Conforme dispõe o CPC n. 25: "[...] (b) passivos contingentes — que não são reconhecidos como passivo, porque são: (i) obrigações possíveis, visto que ainda há de ser confirmado se a entidade tem ou não uma obrigação presente que possa conduzir a uma saída de recursos que incorporam benefícios econômicos, ou (ii) obrigações presentes que não satisfazem os critérios de reconhecimento deste Pronunciamento Técnico (porque não é provável que seja necessária uma saída de recursos que incorporem benefícios econômicos para liquidar a obrigação, ou não pode ser feita uma estimativa suficientemente confiável do valor da obrigação)." (BRASIL. Ministério da Fazenda do Brasil. Comissão de Valores Mobiliários — CVM. Comitê de Pronunciamentos Contábeis. *Pronunciamento Técnico CPC n. 25*. Disponível em:

de Pronunciamentos Contábeis,[127] o que faz com que tais contingências já estejam identificadas, analisadas, precificadas e contabilizadas.

Esse provisionamento mais assertivo das contingências no balanço social e na demonstração financeira da sociedade confere aos administradores a oportunidade de oferecer aos acionistas, controladores ou não, um planejamento financeiro eficaz e livre de sustos durante e após o exercício fiscal.

Contudo, nem sempre existe essa transparência de informações. Muitas vezes tais informações contábeis estão desatualizadas, foram inseridas de forma errada no balanço social, ou foram manipuladas de forma dolosa por um dos acionistas ou por administrador da sociedade para aparentar uma saúde financeira que não corresponde à realidade. Além dessas possibilidades, existem também potenciais contingências futuras que são de total desconhecimento dos acionistas, como os passivos ocultos e/ou encargos financeiros totalmente não previstos e desconhecidos, mas que podem surgir a qualquer momento, por exemplo: como resultado de uma eventual fiscalização.

O ideal seria que houvesse uma negociação prévia no próprio acordo de acionistas já prevendo as responsabilidades por eventuais contingências do passado surgidas após o exercício da cláusula *shotgun*, com o consequente desligamento de um dos acionistas.

4.2.1.6 Contratação de um avaliador externo

Em determinadas situações, ao negociarem a inclusão de uma cláusula *shotgun* em um acordo, os acionistas preferem que o preço a ser pago por uma parte à outra seja definido por um avaliador externo e, portanto, independente, o que trará mais conforto para ambos os lados (comprador e vendedor), apesar de ser um procedimento mais custoso.

---

http://www.cvm.gov.br/export/sites/cvm/menu/regulados/normascontabeis/cpc/CPC_25_rev_12.pdf. Acesso em: 21 jan. 2020).

[127] Ver Pronunciamento Técnico CPC n. 25: "O objetivo deste Pronunciamento Técnico é estabelecer que sejam aplicados critérios de reconhecimento e bases de mensuração apropriados a provisões e a passivos e ativos contingentes e que seja divulgada informação suficiente nas notas explicativas para permitir que os usuários entendam a sua natureza, oportunidade e valor" (BRASIL. Ministério da Fazenda do Brasil. Comissão de Valores Mobiliários — CVM. *Comitê de Pronunciamentos Contábeis*. Op. cit.).

4. EXEQUIBILIDADE DA CLÁUSULA *SHOTGUN*

Como bem constatado por Kathryn Spier e Claudia Landeo, a contratação de um avaliador externo pode conferir a segurança de que a determinação do preço será realizada de forma independente e por quem já detém um conhecimento mais especializado para este trabalho, porém tal contratação também pode ser problemática, conforme mencionam as autoras:

> Os acordos de negócios podem conferir ao sócio que recebeu a notificação do *deadlock* a opção de comprar do outro sócio ou vender para o outro sócio a um preço definido por um avaliador externo. Todavia, o uso de avaliadores externos para determinar o valor de mercado de uma empresa também pode ser problemático. Em primeiro lugar, os avaliadores externos podem ser bem caros, especialmente se a avaliação dos ativos requerer um conhecimento mais especializado do negócio. Segundo, as partes contratantes podem discordar com relação à escolha do avaliador externo. Por fim, e muito importante, os avaliadores podem estar em desvantagem informacional em comparação aos sócios ao determinar um valor de mercado para a empresa. Em sociedades fechadas, muito do valor do negócio está intimamente ligado à expertise dos sócios, e os mercados para tais sociedades são geralmente pequenos ou inexistentes. Assim, em muitas situações, os próprios sócios é que estão na melhor posição para determinar o valor da sua empresa.[128]

Portanto, as partes deverão avaliar a necessidade de contratar avaliador externo em cada caso concreto, visto que, apesar de a avaliação externa potencializar solução de disputa societária, pode gerar ineficiências,

---

[128] Tradução livre de: *"Business agreements might give deadlocked owners the option to buy the stakes of other owners, or sell their own stakes to the other owners, at a price that is set by an external appraiser. Using external appraisers to determine market value may be problematic as well. First appraisals can be very expensive, especially if appraising the assets requires specialized business knowledge. Second, the contracting parties may disagree about the appropriate choice of the appraiser. Finally, and very importantly, the appraisers may be at an informational disadvantage relative to the members themselves at placing a value on the assets. In specialized closely-held business organizations, much of the value of the business is closely tied to que expertise of the partners, and outside markets for these organizations are often thin or non-existent. So, in many situations, the partners are themselves in the best position to determine the value of their business organization"* (LANDEO, Claudia M.; SPIER, Kathryn E. Shotguns and Deadlocks. Op. cit.).

como maior custo de transação e atrasos no procedimento para o exercício da cláusula.

Ao decidir pela contratação de avaliador externo para definir o valor de mercado da empresa, no exercício da cláusula *shotgun*, faz-se necessário especificar no acordo de acionistas quem será o avaliador externo ou, ao menos, procedimento para a escolha do avaliador externo, o qual deverá ser seguido pelos acionistas.

4.2.1.7 Formação do preço na cláusula *shotgun* e possibilidade de *earn-out* futuro

A formação do preço de compra ou venda de participação societária em decorrência do exercício de uma cláusula *shotgun* pode variar a depender da redação da cláusula no acordo de acionistas.

O objetivo maior da cláusula é que a parte que primeiro enviar a notificação com a oferta de compra ou venda de participação societária não defina um preço nem tão alto, para não ser obrigada a pagar a mais para a outra parte, caso seja a compradora, nem tão baixo, para não ter que vender a sua participação societária a um preço muito mais baixo do que o valor efetivo das quotas ou ações, caso seja a vendedora em decorrência do exercício da cláusula *shotgun*.

Porém, tendo em vista a possibilidade da existência das assimetrias descritas na seção 2.5.1.2.4 deste livro, algumas distorções na formação do preço pela parte que notifica a outra com a oferta de compra ou venda em decorrência do exercício da cláusula *shotgun* podem acontecer, especialmente quando falamos em assimetria financeira ou de informação.

Nesses casos, uma alternativa para se manter a cláusula *shotgun* seria a de se estipular previamente um valor mínimo para a compra ou venda da participação societária ou os mecanismos que serão utilizados para a formação do preço, como múltiplos do EBITDA,[129] valor patrimonial, por exemplo, dentre outros.

Outro risco associado ao exercício da cláusula seria a saída de um dos acionistas em período imediatamente antecedente a uma posterior venda da sociedade, por preço superior ao pago em decorrência do exercício da cláusula *shotgun*. Para mitigar esse risco, as partes poderão

---

[129] EBITDA é a abreviatura de *"earnings before interest, taxes, depreciation and amortization"*.

4. EXEQUIBILIDADE DA CLÁUSULA SHOTGUN

também contratar previamente que, caso haja uma venda da empresa em um determinado período de tempo após o exercício da cláusula *shotgun*, por um valor muito maior que o valor pago por uma das partes ao exercer a cláusula *shotgun*, um valor complementar ou um *premium* pela venda (*"earn-out"*) deverá ser pago para o acionista que se retirou da sociedade antes da venda.

Outra questão importante surge quando as participações societárias não representam um controle compartilhado 50/50, como ocorre, por exemplo, em situações em que o controle compartilhado se dá pela atribuição de vetos em matérias relevantes ao acionista minoritário. Nesses casos, embora o controle seja compartilhado, pode haver diferenças significativas de participações societárias. Essa possibilidade é ainda mais factível nas sociedades anônimas, com capital social dividido em ações preferenciais e ordinárias, hipótese que permitiria uma composição societária com os acionistas detendo, respectivamente, 75% (setenta e cinco por cento) e 25% (vinte e cinco por cento) do capital social total, mas 50% (cinquenta por cento) cada um do capital social votante.

Nesses casos, embora nada impeça que as partes negociem e incluam a cláusula *shotgun* no acordo de acionistas como mecanismo para a resolução de impasses societários, deve-se ter em mente que o acionista minoritário pode ser obrigado, dependendo de como a cláusula será negociada, a comprar os 75% (setenta e cinco por cento) de participação do acionista majoritário, aumentando, em relação a ele, a necessidade de recursos para conseguir acompanhar a oferta quando do exercício da cláusula *shotgun*.

4.2.1.8 Inserção de procedimentos prévios ao exercício da cláusula *shotgun*

É comum, quando da negociação da inclusão de uma cláusula *shotgun* em acordo de acionistas, que haja a negociação de alguns procedimentos de conciliação prévios ao exercício da cláusula, que, como já mencionado anteriormente, pressupõe um desfecho mais drástico, vez que acarreta necessariamente a saída de um dos acionistas da sociedade.

Assim, seria interessante que, antes de exercerem a cláusula *shotgun*, as partes esgotassem tais procedimentos de conciliação prévios conforme disposto no acordo de acionistas.

Em não ocorrendo a solução amigável do impasse societário, o exercício da cláusula *shotgun* seria, portanto, a última medida, a *ultima ratio*, nesse processo, visando à preservação da empresa.

A seguir, trataremos acerca dos procedimentos a serem previamente adotados em acordo de acionistas, de modo que a cláusula *shotgun* somente possa ser executada como última medida, após algumas tentativas de resolução do impasse societário por outras vias menos drásticas.

4.2.1.8.1 Mediação

Os acionistas podem optar por passarem por um procedimento de mediação, que é uma forma extrajudicial (não contenciosa) para a resolução do conflito societário antes de exercerem a cláusula *shotgun*. A mediação consiste em um procedimento de composição entre as partes, no qual um terceiro neutro e independente atua como mediador.

Nos casos de impasses societários entre acionistas, o mediador conduzirá o procedimento de mediação conferindo aos acionistas apenas uma direção e subsídios para que eles próprios cheguem a um acordo comum, a uma autocomposição para a resolução do impasse societário.

O mediador nada decide; portanto, não emite opinião direta sobre a disputa societária, mas, sim, auxilia de forma construtiva as partes na busca da solução para o impasse societário, utilizando, para tanto, técnicas que visem à reaproximação e melhor comunicação entre os sócios para que cheguem a uma decisão na busca de solução para a controvérsia que seja satisfatória para ambos os lados.

O procedimento de mediação anterior ao exercício da cláusula *shotgun* é especialmente indicado para os casos em que os acionistas têm interesse no reestabelecimento da comunicação entre eles, na busca de uma solução amigável para um impasse societário, assim como na continuidade da relação societária.

Além da celeridade, o procedimento de mediação tem a vantagem de ser um procedimento confidencial, de baixo custo financeiro, e que promove a facilitação da comunicação entre as partes, com um menor desgaste emocional, o que contribui para a melhoria ou manutenção da boa relação entre os acionistas e promove a continuidade dos negócios. Adicionalmente, o sucesso de um procedimento de mediação acarreta o não exercício da cláusula *shotgun* por um dos acionistas, contribuindo para a transformação e melhoria da relação entre os acionistas.

4.2.1.8.2 Conciliação

O procedimento de conciliação é similar ao procedimento de mediação descrito anteriormente; porém, no procedimento de conciliação, o próprio conciliador, que também é um terceiro neutro e independente, atua para dar a solução do impasse societário aos acionistas. Nesse caso, o conciliador pode opinar as soluções que entender cabíveis quando as partes não conseguirem um entendimento sobre a resolução do impasse societário.

Note-se que o conciliador apenas propõe as soluções que entender cabíveis para sanar um impasse societário; porém, não tem o poder de impor a sua decisão, vez que quem decide acatar ou não as soluções propostas pelo conciliador são as partes. As partes têm autonomia para decidirem se aplicam, ou não, a solução proposta pelo conciliador para uma determinada disputa societária.

As vantagens de os acionistas que se encontrem em uma situação de impasse societário adotarem um procedimento de conciliação previamente ao exercício da cláusula *shotgun* são as mesmas descritas anteriormente para o procedimento de mediação: sigilo/confidencialidade, celeridade, baixo custo, menor desgaste emocional, manutenção das relações/solução de continuidade e o não exercício (*triggering*) da cláusula *shotgun*.

4.2.1.8.3 Decisão do *chief executive officer* (CEO) ou do presidente do conselho de administração

Para esses casos, a solução do impasse seria atribuída a outra pessoa, que tanto pode ser o CEO (presidente) da empresa ou o presidente do conselho de administração, nas sociedades que tiverem um conselho de administração constituído.

O CEO, ou o presidente do conselho de administração, atuaria como um conciliador, vez que lhe seria permitido, assim como no procedimento de conciliação, propor as soluções que entender cabíveis a uma determinada disputa societária entre os acionistas, cabendo a estes a decisão final acerca do acatamento, ou não, da solução proposta pelo CEO ou pelo presidente do conselho de administração para o respectivo impasse societário.

Nesse procedimento, as vantagens seriam as mesmas descritas para os procedimentos de mediação e conciliação mencionados anteriormente: sigilo/confidencialidade, celeridade, baixo custo, menor desgaste emocional e manutenção das relações/solução de continuidade.

4.2.1.8.4 Voto de minerva de membros do conselho de administração

Nesses casos, para as sociedades que tiverem um conselho de administração constituído, os acionistas podem estipular que, de tempos em tempos, dentro de um período que tenha sido pré-estabelecido e acordado no respectivo acordo de acionistas, de forma alternada, o membro do conselho de administração representando um determinado acionista tenha um voto de minerva em determinada matéria que tenha potencial para gerar um impasse societário.

Outra possibilidade, nos casos em que o conselho de administração possua conselheiros independentes em sua composição, é estabelecer em acordo de acionistas que o voto de minerva para determinadas matérias, cujo potencial para gerar impasse societário seja alto, seja concedido ao membro independente do conselho de administração da sociedade.

4.3 Sugestão de redação para a cláusula *shotgun* e elementos a serem observados pelos acionistas para uma adequada negociação

Diante de tudo o quanto exposto, sugerimos a seguir uma redação para a cláusula *shotgun* em acordo de acionistas — porém, ressalve-se que, na existência de assimetrias ou desequilíbrio de forças entre as partes, as medidas sugeridas no presente livro devem ser contempladas na redação da cláusula *shotgun*. Os profissionais do direito deverão avaliar o caso concreto e redigir a cláusula *shotgun* no acordo de acionistas visando beneficiar e atender os melhores interesses de seus clientes. Outrossim, por se tratar de uma cláusula hipotética, note-se que nem sempre as partes conseguirão inserir todos os meios alternativos para a resolução dos conflitos societários, sendo comum que as partes incluam no acordo de acionistas já a redação da cláusula em si, sem passar pelos procedimentos prévios ao exercício da cláusula *shotgun*, por exemplo.

CLÁUSULA [**] – RESOLUÇÃO DE IMPASSES[130]

[**].1. Na hipótese de não aprovação de uma Matéria Relevante,[131] em Reunião Prévia de Acionistas e/ou Assembleia Geral de Acionistas ("Evento Societário"),[132] os Acionistas comprometem-se a agir em conformidade com os procedimentos de resolução definidos a seguir.

Solução Amigável

[**].2. Verificada a insuficiência de quórum para aprovação de uma Matéria Relevante, em decorrência da manifestação de voto contrário por parte de um dos Acionistas, os Acionistas deverão votar no sentido de retirar a Matéria Relevante da pauta do Evento Societário e definir, a depender dos resultados dos procedimentos regulados nas Cláusulas a seguir, nova data para submissão da Matéria Relevante para deliberação dos Acionistas em Evento Societário especialmente convocado para essa finalidade.

[**].3. Imediatamente após a retirada da Matéria Relevante da pauta do Evento Societário, a Matéria Relevante, juntamente com quaisquer informações e documentos a ela relativas, deve ser submetida a um comitê composto por XX representantes de cada Acionista, os quais negociarão de boa-fé a Matéria Relevante com o objetivo de resolver a controvérsia por mútuo acordo.

Mediação

[**].4. Caso o comitê referido no item [**].1. não chegue a um consenso no prazo de 15 (quinze) dias corridos contados do Evento Societário

---

[130] Cumpre-nos ressalvar que o modelo de cláusula *shotgun* sugerido aqui parte de diversas premissas que podem não ser as mesmas do caso concreto, devendo o operador do direito, ao usá-la como modelo, adaptá-la às questões pertinentes ao contexto prático envolvido.

[131] Matérias Relevantes são aquelas que, conforme definidas no Acordo de Acionistas, outorgam a qualquer Acionista o direito de exercer a cláusula *shotgun*.

[132] Para efeito de simplificação, optamos por utilizar um caso hipotético em que eventual conflito se dê no âmbito de Reunião Prévia de Acionistas e/ou Assembleia Geral de Acionistas, e não no âmbito do Conselho de Administração.

referido na Cláusula [**].1., acima, a Matéria Relevante deverá ser submetida à Mediação,[133] que deverá ter início no prazo de até 10 (dez) dias contados do fim do prazo de 15 (quinze) dias corridos contados do Evento Societário referido na Cláusula [**].1., acima. A Mediação deverá estar concluída no prazo de 20 (vinte) dias úteis, a partir de seu início, para analisar a Matéria Relevante e mediar a questão. O custo do mediador será suportado pelos Acionistas, proporcionalmente às suas participações societárias.

[**].5. Caso a Mediação (i) não seja instalada no prazo acima e/ou (ii) seja regularmente instalada, mas os Acionistas não chegarem a um acordo em relação à Matéria Relevante, no prazo previsto para a Mediação, a controvérsia será considerada um impasse ("*Impasse*"), hipótese em que poderão se aplicar os procedimentos de compra e venda descritos na Cláusula [***], a seguir.

CLÁUSULA [***] — COMPRA E VENDA EM CASO DE IMPASSE

[***].1. Uma vez caracterizado o Impasse, qualquer Acionista poderá, no prazo de até 60 (sessenta) dias a contar da data em que as partes forem notificadas do resultado final da Mediação, exercer a Opção de Compra e Venda da totalidade das Ações de titularidade do outro Acionista (respectivamente, "*Acionista Ofertante*" e "*Acionista Ofertado*"), mediante notificação que deverá conter, no mínimo, o preço oferecido ("Preço de Aquisição") e as respectivas condições de pagamento ("Notificação do Acionista Ofertante").[134] Caso nenhum dos Acionistas exerça a Opção de Compra e Venda, a Matéria Relevante será considerada como não aprovada.[135]

---

[133] Termo a ser definido no Acordo de Acionistas, preferencialmente com a indicação do mediador ou da câmara de mediação e respectivos procedimentos.
[134] Recomenda-se que o Preço de Aquisição e demais condições de pagamento sejam propostos de boa-fé, sem distorções que possam configurar situações de abuso da posição subjetiva da parte que ativar a cláusula.
[135] Alternativamente, poder-se-ia remeter a controvérsia para a arbitragem, caso esta seja uma alternativa prevista no Acordo de Acionistas.

4. EXEQUIBILIDADE DA CLÁUSULA *SHOTGUN*

[***].2. Recebida a Notificação do Acionista Ofertante, o Acionista Ofertado deverá, **obrigatoriamente**, adotar uma das seguintes alternativas:

i. **Vender** todas, mas não menos que todas, as suas Ações pelo Preço de Aquisição e demais condições contidas na Notificação do Acionista Ofertante, **ou, a seu exclusivo critério**,

ii. **Adquirir** todas, mas não menos que todas, as Ações do Acionista Ofertante pelo Preço de Aquisição e demais condições contidas na Notificação do Acionista Ofertante.

[***].3. A opção adotada pelo Acionista Ofertado deverá ser informada ao Acionista Ofertante, mediante notificação por escrito a ser enviada em até 15 (quinze) dias após receber a Notificação do Acionista Ofertante ("Notificação do Acionista Ofertado").

[***].4. Na hipótese de o Acionista Ofertado não exercer uma das opções indicadas nos itens (i) e (ii) da Cláusula [***].2., acima, presumir-se-á sua aceitação ao requerimento contido na Notificação do Acionista Ofertante em todos os seus termos.

[***].5. Finalizados os procedimentos acima e definidos o Comprador e o Vendedor das Ações do Acionista Ofertante ou das Ações do Acionista Ofertado, conforme o caso, a efetiva cessão e transferência das Ações deverá ser concluída no prazo máximo de até 30 (trinta) dias, contados do encerramento do prazo de 15 (quinze) dias do recebimento da Notificação do Acionista Ofertante, mediante pagamento do Preço de Aquisição (ou da parcela do Preço de Aquisição a ser paga na data da cessão e transferência das Ações, nos termos contidos na Notificação do Acionista Ofertante) e a formalização da transferência das Ações no livro de transferência de Ações e respectiva averbação no livro de registro de Ações Nominativas da Sociedade.

[***].6. Cada Acionista outorga ao outro mandato irrevogável e irretratável, nos termos dos artigos 684 e 685 do Código Civil brasileiro, para representá-lo na assinatura de todos e quaisquer instrumentos e realização de todos e quaisquer atos necessário para a efetiva cessão e transferência das Ações. Referido mandato poderá ser utilizado sempre que o Acionista que tiver suas Ações adquiridas ("Acionista Alienante") não providenciar a assinatura dos instrumentos e atos acima mencionados, retardando a efetiva cessão e transferência das Ações, ocasião em que o Preço de Aquisição será depositado em conta corrente de titularidade do Acionista Alienante, a mesma que foi indicada para distribuição dos resultados da Sociedade.

Considerações finais

No presente livro, examinamos a natureza jurídica da cláusula *shotgun*, as vantagens, desvantagens e os limites da sua aplicação. Observamos que, embora se trate de um mecanismo contratual cada vez mais usado no Brasil para a resolução de impasses societários, há poucos trabalhos acadêmicos no país que se dediquem ao tema. O presente estudo representa uma contribuição no sentido de preencher essa lacuna, procurando produzir conhecimento voltado à prática societária, com recomendações objetivas e que podem ser úteis não somente às partes envolvidas, mas também ao profissional que atua na área do direito empresarial. A pesquisa da literatura sobre a cláusula foi complementada pela análise da legislação nacional pertinente e do posicionamento de tribunais em casos de judicialização da cláusula tanto no Brasil quanto no exterior.

Ressaltamos a ausência de previsão legal específica no Brasil que defina e regule a cláusula *shotgun*, bem como a possibilidade de se estruturar a cláusula de diversas maneiras. Optamos, contudo, por usar a redação clássica da cláusula como parâmetro para o nosso trabalho. Trouxemos ainda, para efeito de comparação e diferenciação, mecanismos contratuais similares, capazes de alcançar a mesma finalidade, qual seja, a solução do impasse societário com a saída de um dos acionistas da sociedade.

Após uma primeira conceituação da cláusula, discorremos sobre os conceitos de "controle compartilhado" e "impasse societário", cujo entendimento é imprescindível para a correta compreensão da cláusula e de sua aplicação prática pelo operador do direito. Em especial, chamamos a atenção para o fato de que a ativação do exercício da cláusula *shotgun* por qualquer um dos acionistas somente faz sentido em um contexto de impasse societário materialmente relevante, que afete ou prejudique a continuidade e o bom andamento dos negócios da sociedade.

Delimitado o campo de sua aplicação, discorremos acerca das suas principais características, ressaltando (i) o seu resultado imprevisível, posto que, uma vez exercida a opção descrita na cláusula, as partes não sabem quem ao final será o comprador e quem será o vendedor da participação societária, e (ii) a sua irrevogabilidade e irretratabilidade, pois, uma vez inserida a cláusula *shotgun* em acordo de acionistas, e exercida a opção contida na cláusula, os acionistas não poderão se eximir de firmar o futuro contrato de compra e venda de participação societária.

Partindo-se da premissa de que a cláusula *shotgun*, apesar da sua falta de previsão legal, é aceita e recepcionada pelo direito pátrio, foi possível adentrar nos conceitos de direito civil e societário pertinentes para que pudéssemos efetuar a qualificação jurídica da cláusula, traçando os institutos jurídicos que compõem a sua estrutura e as relações dela decorrentes. A partir dessa análise jurídico-dogmática, chegamos à conclusão de que a cláusula *shotgun* é um negócio jurídico bilateral (contrato), atípico, por meio do qual as partes envolvidas possuem direitos potestativos mútuos, com qualificação de contrato preparatório (e não preliminar), possuindo em sua estrutura jurídica uma opção de compra e venda forçada com inversão do poder decisório sobre a posição subjetiva, que, se exercida por qualquer das partes, culminará com o futuro contrato de compra e venda de participação societária.

Posteriormente, abordamos as vantagens e desvantagens da cláusula e listamos as assimetrias eventualmente existentes no contexto de sua aplicação em acordo de acionistas — como, por exemplo: (i) assimetria de poder econômico ou financeira; (ii) assimetria informacional; (iii) assimetria de interesses; e (iv) assimetria de capacidade técnica —, concluindo que, para que haja o melhor aproveitamento da cláusula, com a maximização dos seus resultados, deveria haver uma situação de equilíbrio de forças entre as partes envolvidas que minimize os efeitos de tais assimetrias, evitando-se, destarte, situações de oportunismo e abuso de poder.

Em complemento, abordamos também outras patologias da cláusula que podem afetar a sua validade e eficácia jurídica. Nessa oportunidade, tratamos dos atos jurídicos ilícitos que podem ser praticados pelas partes, sejam eles anteriores ou posteriores ao exercício da opção que dará ensejo à formação do contrato de compra e venda de participação societária. Nesse sentido, abordamos as questões relacionadas: (i) ao vício na autonomia da vontade de uma das partes; (ii) à formação unilateral do preço; (iii) à provocação maliciosa do impasse societário; e (iv) ao abuso de direito por uma das partes envolvidas, situações que podem gerar resultados de nulidade ou invalidade da cláusula, com a consequente remoção dos efeitos jurídicos do contrato de compra e venda de participação societária e dos respectivos atos ilícitos, assim como eventual indenização para a parte que sofreu o dano.

A partir dos limites ao exercício da cláusula *shotgun* mencionados, tratamos da sua exequibilidade no contexto jurídico brasileiro, concluindo que, uma vez presentes todos os seus requisitos materiais e formais, a cláusula pode ser executada junto ao Poder Judiciário ou a um tribunal arbitral, com o objetivo de se buscar a transferência da participação societária objeto da cláusula, mediante a execução do respectivo contrato de compra e venda de participação societária.

Adicionalmente, sugerimos recomendações e alguns procedimentos prévios que podem ser adotados pelas partes com vistas a afastar ou minimizar os efeitos das assimetrias mencionadas e equalizar as forças da relação associativa.

Assim, restou demonstrado que, respeitados os limites legais e desde que presentes as condições ideais de equilíbrio de forças, meios e capacidades das partes vinculadas ao acordo de acionistas e/ou adotados os cuidados especificados no decorrer do presente livro, a cláusula *shotgun* pode ser um mecanismo contratual eficiente para a solução de disputas societárias.

Isso porque: (i) possibilita uma solução mais equânime, pois o acionista ofertante, por não saber se será comprador ou vendedor da participação societária, muito provavelmente fará uma proposta com valor mais justo; (ii) por ser uma proposta unilateral, sem o cabimento de uma contraoferta, o exercício da cláusula *shotgun* por um dos acionistas vinculados ao acordo consiste num procedimento mais rápido e eficiente, cabendo apenas uma resposta do acionista ofertado quanto ao desejo de comprar ou de vender a participação societária nos termos e condições da proposta apresentada; (iii) por ser um mecanismo de autotutela, tende a ser mais célere, uma vez que o processo judiciário é mais lento no Brasil; e (iv) tem um custo mais baixo, se comparada a outros mecanismos de solução de conflitos societários, por não requerer a elaboração de custosos pareceres de avaliadores.

Por fim, concluímos que a aplicação da cláusula *shotgun* de maneira proveitosa depende de uma criteriosa avaliação do caso concreto. Para que a cláusula possa funcionar como um eficiente mecanismo de resolução de disputas societárias, determinadas cautelas devem ser tomadas com o objetivo de verificar a existência ou não das condições ideais explicitadas. O operador do direito deverá, portanto, fazer uma análise de certas peculiaridades da sociedade e dos acionistas em questão antes de optar por incluir a cláusula *shotgun* em acordo de acionistas ou utilizar mecanismos contratuais similares de proteção contra disputas societárias. Uma vez presentes as condições ideais, além das vantagens mencionadas no presente livro, a cláusula *shotgun* tem o efeito de reduzir o espaço para oportunismo, má-fé ou abuso de poder de um acionista com relação ao outro.

REFERÊNCIAS

AKERLOFF, G. The Market for Lemons: Quality Uncertainty and the Market Mechanism. *The Quarterly Journal of Economics*, v. 89, n. 3, p. 488-500, ago. 1970.

ARDUIN, Ana Lucia Alves da Costa; LEITE, Leonardo Barém. A tutela jurídica do sócio minoritário das sociedades limitadas. *In*: CASTRO, Rodrigo R. Monteiro de; ARAGÃO, Leandro Santos (coord.). *Direito societário*: desafios atuais. São Paulo: Quartier Latin, 2009, p. 365-387.

BESSONE, Darcy. *Do contrato*: teoria geral. Rio de Janeiro: Forense, 1987.

BOTREL, Sérgio (coord.). *Direito societário*: análise crítica. São Paulo: Saraiva, 2012.

BRASIL, Deilton Ribeiro; MARTINS, Leandro José de Souza. Conexões entre os princípios da função social e o da preservação empresarial: uma releitura do Código Civil de 2002. *Revista Brasileira de Direito Civil em Perspectiva*, v. 2, n. 1, p. 80-96, jan./jun. 2016.

BRASIL. *Lei 11.101*, de 09 de fevereiro de 2005. Brasília, 2005. Disponível em: http://www.planalto.gov.br/ccivil_03/_ato2004-2006/2005/lei/l11101.htm. Acesso em: 20 mar. 2018.

BRASIL. *Lei n. 6.404*, de 15 de dezembro de 1976. Brasília, 1976. Disponível em: http://www.planalto.gov.br/ccivil_03/leis/l6404compilada.htm. Acesso em: 20 mar. 2018.

BRASIL. Ministério da Fazenda do Brasil. Comissão de Valores Mobiliários – CVM. *Processo Administrativo CVM n. SEI 19957.009575/2017-73*. Relator: Pablo Renteria, Voto proferido pelo órgão Colegiado, 04 set. 2018. Disponível em: http://www.cvm.gov.br. Acesso em: 22 out. 2018.

BRASIL. Ministério da Fazenda do Brasil. Comissão de Valores Mobiliários – CVM. Comitê de Pronunciamentos Contábeis. *Pronunciamento Técnico CPC n. 25*. Disponível em: http://www.cvm.gov.br/export/sites/cvm/menu/regulados/normascontabeis/cpc/CPC_25_rev_12.pdf. Acesso em: 21 jan. 2020.

BRASIL. Ministério da Fazenda do Brasil. Comissão de Valores Mobiliários – CVM. *Consulta de documentos de companhias abertas por ordem alfabética*. Disponível em: https://cvmweb.cvm.gov.br/SWB/Sistemas/SCW/CPublica/CiaAb/FormBuscaCiaAbOrdAlf.aspx. Acesso em: 21 jan. 2020.

BRASIL. *Novo código civil*: exposição de motivos e texto sancionado. 2. ed. Brasília: Senado Federal, Subsecretaria de Edições Técnicas, 2005. Disponível em: http://www2.senado.leg.br/bdsf/item/id/70319. Acesso em: 25 abr. 2016.

BRASIL. Superior Tribunal de Justiça. *Agravo de Instrumento n. 1.301.616/RJ*. Rel. Min. Vasco Della Giustina, j. 23 mar. 2011. Disponível em: https://ww2.stj.jus.br/processo/revista/documento/mediado/?componente=MON&sequencial=14613722&num_registro=201000748393&data=20110331. Acesso em: 21 jan. 2020.

BRASIL. Superior Tribunal de Justiça. *Recurso Especial n. 1.400.264/RS (2013/0284036-0)*. Rel. Min. Nancy Andrighi, j. 24 out. 2017. Disponível em: https://ww2.stj.jus.br/websecstj/cgi/revista/REJ.cgi/ITA?seq=1652229&tipo=0&nreg=201302840360&SeqCgrmaSessao=&CodOrgaoJgdr=&dt=20171030&formato=PDF&salvar=false. Acesso em: 26 maio 2020.

BRASIL. Superior Tribunal de Justiça. *Jurisprudência do STJ*. Disponível em: http://www.stj.jus.br/SCON/pesquisar.jsp. Acesso em: 24 jan. 2018.

BROOKS, Richard R. W.; LANDEO, Claudia M.; SPIER, Kathryn E. Trigger Happy or Gun Shy? Dissolving Common-value Partnerships with Texas Shootouts. *Harvard Law School Discussion Paper*, n. 632, mar. 2009.

CANADÁ. British Columbia. Supreme Court of British Columbia. *Kinzie v. The Dells Holdings Ltd.*, j. 28 set. 2010.

CAREY, Stevens A. Buy/Sell Provisions in Real Estate Joint Venture Agreements. *Real Property, Probate and Trust Journal*, v. 39, n. 4, p. 651-709, 2005.

CARVALHAL-DA-SILVA, André; LEAL, Ricardo. Corporate Governance, Market Valuation and Dividend Policy in Brazil. *Coppead Working Paper Series*, n. 390, p. 3-9, nov. 2003. Disponível em: http://ssrn.com/abstract=477302. Acesso em: 20 out. 2019.

CARVALHO SANTOS, João Manoel de. *Código Civil brasileiro interpretado*: v. 16. 13. ed. Rio de Janeiro: Freitas Bastos, 1991.

REFERÊNCIAS

CARVALHOSA, Modesto. *Acordo de acionistas*. São Paulo: Saraiva, 2011.

CARVALHOSA, Modesto; EIZIRIK, Nelson. *Estudos de direito empresarial*. São Paulo: Saraiva, 2010.

COMPARATO, Fábio Konder; SALOMÃO FILHO, Calixto. *O poder de controle na sociedade anônima*. Rio de Janeiro: Forense, 2005.

COX, Marcelo Dourado. *Deadlock provisions*: resolução contratual de conflitos societários. São Paulo: Almedina, 2017.

DE FRUTOS, Maria Angeles; KITTSTEINER, Thomas. Efficient Partnership Dissolution under Buy-Sell Clauses. *RAND Journal of Economics*, v. 39, n. 1, p. 184-198, 2008.

DE LUCCA, Newton; RAMALHO, Mateus Sousa. Reflexões sobre a contribuição da arbitragem internacional para a solução de conflitos de interesse nas companhias. *Revista de Direito Bancário e Mercado de Capitais*, v. 75, p. 129-159, 2017.

DI GAGLIARDI, Guidalberto; MOLINARI, Marzio. Società 50-50: come risolvere eventuali dissidi? *Amministrazione & Finanza*, n. 2, 2013.

EIZIRIK, Nelson; GAAL, Ariádna B.; PARENTE, Flávia; HENRIQUES, Marcus de Freitas. *Mercado de capitais*: regime jurídico. Rio de Janeiro: Renovar, 2008.

FERNANDES, Wanderley; OLIVEIRA, Jonathan Mendes. Contrato preliminar: segurança de contratar. *In*: FERNANDES, Wanderley (coord.). *Contratos empresariais*: fundamentos e princípios dos contratos empresariais. São Paulo: Saraiva, 2007, p. 265-321.

FERREIRA, Mariana Martins-Costa. *Buy or sell e opções de compra e venda para resolução de impasse societário*. São Paulo: Quartier Latin, 2018.

FLEISCHER, Holger; SCHNEIDER, Stephan. Shoot-Out Clauses in Partnerships and Close Corporations: An Approach from Comparative Law and Economic Theory. *Max Planck Private Law Research Paper*, n. 11-13.

GAMBOA, Francisco Carrillo. Private Placement of Mexicans Securities: Mexican Law Issues. *United States – Mexico Law Journal*, v. 9, p. 153-156, 2001.

GOMES, Orlando. *Contratos*. 26. ed. Rio de Janeiro: Forense, 2007. [Revisada, atualizada e aumentada de acordo com o Código Civil de 2002 por A. Junqueira de Azevedo e Francisco Paulo de Crescenzo Marino. Coordenado por Edvaldo Brito].

GUEDES, Bruno Torres. Os princípios da função social e da preservação da empresa. *Conteúdo Jurídico*, 11 dez. 2014. Disponível em: http://www.conteudojuridico.com.br/artigo,os-principios-da-funcao-social-e-da-preservacao-da-empresa,51299.html. Acesso em: 20 out. 2018.

GUERREIRO, José Alexandre Tavares. Sobre a opção de compra de ações. *Revista de Direito Mercantil, Industrial, Econômico e Financeiro*. São Paulo: Revista dos Tribunais, v. 19, n. 39, p. 226-229, 1980.

GUERREIRO, José Alexandre Tavares. Sociologia do poder na sociedade anônima. *Revista de Direito Mercantil, Industrial, Econômico e Financeiro*. São Paulo: Revista dos Tribunais, v. 29, n. 77, jan./mar., p. 50-56, 1990.

IGLESIAS, Felipe Campana Padin. *Opção de compra ou venda de ações no direito brasileiro*: natureza jurídica e tutela executiva judicial. Dissertação (Mestrado em Direito Comercial) – Faculdade de Direito, Universidade de São Paulo, São Paulo, 2011.

INSTITUTO BRASILEIRO GOVERNANCA CORPORATIVA – IBGC. *Código das melhores práticas de governança corporativa*. Disponível em: https://www.ibgc.org.br. Acesso em: 20 jan. 2019.

JARDIM, Fábio Balinski. *Princípios contratuais na atual jurisprudência do STJ*. Porto Alegre: UFRGS. 2012.

LAMY FILHO, Alfredo; PEDREIRA, José Luiz Bulhões (org.). *Direito das companhias*. Rio de Janeiro: Forense, 2009.

LANDEO, Claudia M.; SPIER, Kathryn E. Irreconcilable Differences: Judicial Resolution of Business Deadlock. *The University of Chicago Law Review*, v. 81, n. 1, p. 203-227, 2014. Disponível em: http://uchicagolawjournalsmshaytiubv.devcloud.acquia-sites.com/sites/lawreview.uchicago.edu/files/09_Landeo-Spier_SYMP.pdf. Acesso em: 22 mar. 2018.

LANDEO, Claudia M.; SPIER, Kathryn E. Shotgun Mechanisms for Common-Value Partnerships: The Unassigned-Offeror Problem. Harvard Law School. John M. Olin Center for Law, Economics, and Business. *Discussion Paper*, n. 754, set. 2013.

LANDEO, Claudia M.; SPIER, Kathryn E. Shotguns and Deadlocks. *Yale Journal on Regulation*, v. 31, n. 1, p. 143-187, jan. 2014. Disponível em: https://digitalcommons.law.yale.edu/cgi/viewcontent.cgi?referer=https://www.google.com.br/&httpsredir=1&article=1381&context=yjreg. Acesso em: 20 set. 2018.

LEÃES, Luiz Gastão Paes de Barros. A álea normal do contrato e o momento do exercício das opções. *In*: *Novos pareceres*. São Paulo: Singular, 2018, p. 375-397.

LOBO, Carlos Augusto da Silveira. Acordo de Acionistas. *In*: LAMY FILHO, Alfredo; PEDREIRA, José Luiz Bulhões (org.). *Direito das companhias*. Rio de Janeiro: Forense, 2009, p. 441-499.

Lobo, Carlos Augusto da Silveira. Contrato preliminar. *In*: Tepedino, Gustavo; Fachin, Luiz Edson. *O direito e o tempo*: embates jurídicos e utopia, 2008, p. 313-324.

Lucena, José Waldecy. *Das sociedades anônimas*: comentários à lei: v. 1. Rio de Janeiro: Renovar, 2009.

Maher, Derek; Nordick, Kirk; Yakimowski. Laurance. *Buy-Sell Provisions in Shareholders Agreements*. Saskatoon, SK, Canada: Saskatchewan Legal Education Society, 2004.

Marques, Claudia Lima. *Contratos no Código de Defesa do Consumidor*: o novo regime das relações contratuais. São Paulo: Revista dos Tribunais, 2002.

Martins-Costa, Judith. A cláusula de Buy or Sell na perspectiva do Direito das Obrigações. *In*: Venancio Filho, Alberto; Lobo, Carlos Augusto da Silveira; Rosman, Luiz Alberto Colona (coord.). *A Lei das S.A. em seus 40 anos*. Rio de Janeiro: Forense, 2017, p. 535-561.

Mattos Filho, Ary Oswaldo; Chavenco, Maurício; Hubert, Paulo; Vilela, Renato; Ribeiro, Victor B. Holloway. *Radiografia das sociedades limitadas*. São Paulo: Núcleo de Estudos em Mercados e Investimentos, FGV Escola de Direito SP, ago. 2014. Disponível em: https://direitosp.fgv.br/sites/direitosp.fgv.br/files/arquivos/anexos/radiografia_das_ltdas_v5.pdf. Acesso em: 11 ago. 2017.

McAfee, Preston. Amicable Divorce: Dissolving a Partnership with Simple Mechanisms. *Journal of Economic Theory*, v. 56, n. 2, p. 266-293, 1992.

Nakagawa, Adriana. O financiamento de disputas arbitrais. *Valor Econômico*, 20 maio 2013.

Nascimento, João Pedro Barroso do. Conflito de interesses no exercício do direito de voto nas sociedades anônimas. *Revista de Direito Bancário e do Mercado de Capitais*, v. 7, n. 25, p. 82-103, jul./set. 2004.

Novaes França, Erasmo Valladão Azevedo. *Temas de direito societário, falimentar e teoria da empresa*. São Paulo: Malheiros, 2009.

Page, David Keith. Setting the Price in a Close Corporation Buy-Sell Agreement. *The Michigan Law Review Association*, v. 57, n. 5, p. 655-684, mar. 1959. Disponível em: http://www.jstor.org/stable/1286199. Acesso em: 20 out. 2018.

Pinto Junior, Mario Engler. A teoria dos jogos e o processo de recuperação de empresas. *Revista de Direito Bancário e do Mercado de Capitais*, v. 31, p. 63-79, 2006.

Pontes de Miranda, Francisco Cavalcanti. *Tratado de direito privado*: t. 3. Campinas: Bookseller, 2000. [Atualizada por Vilson Rodrigues Alves].

Pontes de Miranda, Francisco Cavalcanti. *Tratado de direito privado*: t. 5. Campinas: Bookseller, 2000. [Atualizada por Vilson Rodrigues Alves].

Pontes de Miranda, Francisco Cavalcanti. *Tratado de direito privado*: t. 13. Campinas: Bookseller, 2000. [Atualizada por Vilson Rodrigues Alves].

Prado, Roberta Nioac; Donaggio, Angela Rita Franco. Estratégias societárias, planejamento tributário e sucessório. *In*: Prado, Roberta Nioac; Peixoto, Daniel Monteiro; De Santi, Eurico Marcos Diniz (coord.). *Estratégias societárias, planejamento tributário e sucessório*. São Paulo: Saraiva, 2013.

RIO DE JANEIRO. Tribunal de Justiça do Estado do Rio de Janeiro. *Consulta jurisprudência*. Disponível em: http://www4.tjrj.jus.br/ejuris/ConsultarJurisprudencia.aspx. Acesso em: 21 jan. 2020.

Rodrigues, Vasco. *Análise econômica do direito*: uma introdução. Coimbra, Almedina, 2007.

Salomão Filho, Calixto. *O novo direito societário*. 4. ed., rev. e amp. São Paulo: Malheiros, 2011.

SANTOS BRASIL PARTICIPAÇÕES S/A. *Fato relevante*. São Paulo, 9 fev. 2010. Disponível em: https://mz-filemanager.s3.amazonaws.com/cf449510-6b50-479e-aba7-6ab35d5a0c6f/fatos-relevantes-e-comunicados-ao-mercado/1b08c470a823c23fcbfc0a81ee0b696a6cc4e89555eec219fe32ef29fb7f4561/fato_relevante_stbp.pdf. Acesso em: 20 jan. 2020.

SÃO PAULO. Tribunal de Justiça do Estado de São Paulo. *Consulta completa*. Disponível em: https://esaj.tjsp.jus.br/cjsg/resultadoCompleta.do. Acesso em: 21 jan. 2020.

Schaetzel, J. Robert. *The Unhinged Alliance*: America and the European Community. New York: Harper & Row, 1975.

Schnabel, Jacques A. *The Shotgun Clause*. Waterloo, ON, Canada: Wilfrid Laurier University, School of Business and Economics, 2008.

Scott, Robert E.; Triantis, George G. Anticipating Litigation in Contract Design. *The Yale Law Journal*, v. 115, p. 814-879, 2006.

Sharp, Rachel L. Deadlock and Dissenters' Rights in Kentucky Limited Liability Companies: Contractual, Statutory, and Judicial Solutions. *Brandeis Law Journal*, v. 45, 2007.

Sirena, Hugo Cremonez. Direito dos Contratos: relações contratuais de fato e o princípio da boa-fé. *Revista Jurídica da Procuradoria Geral do Estado do Paraná*, n. 5, p. 193-239, 2014.

Tartuce, Flávio. *O princípio da boa-fé objetiva em matéria contratual*: apontamentos em relação ao novo Código Civil e visão do Projeto n. 6.960/02.

Disponível em: http://www.flaviotartuce.adv.br/assets/uploads/artigos/artigo-boafe-TARTUCE.doc. Acesso em: 20 mar. 2018.

THE SHOTGUN FUND. *Shotgun Clause & Buy-Sell Agreements from the Shotgun Fund*. Disponível em: http://www.shotgunfund.com/index.htm. Acesso em: 09 jan. 2018.

THORNHILL, Murray N; HAHN-RENNER, Brent. What to include in a Shareholders' Agreement. *Governance Directions*, v. 67, n. 5, jun. 2015.

VENOSA, Silvio de Salvo. *Direito civil*: contratos em espécie. 13. ed. São Paulo: Atlas, 2013.

VERÇOSA, Haroldo Malheiros Duclerc. Negócios com opções: a opção flexível. *Revista de Direito Mercantil Industrial, Econômico e Financeiro*. São Paulo: Malheiros, v. 114, p. 63-67, 1999.

VILAS BOAS, Daniel Rivorêdo. O litígio entre sócios de sociedade limitada de participações igualitárias. *In*: BOTREL, Sérgio (coord.). *Direito societário*: análise crítica. São Paulo: Saraiva, 2012, p. 241-250.

WALD, Arnoldo. A responsabilidade civil da empresa pela desinformação dos investidores. *Revista de Direito Bancário e do Mercado de Capitais*, v. 20, n. 77, p. 93-103, jul./set. 2017.

WALD, Arnoldo. O acordo de acionistas e o poder de controle do acionista majoritário. *Revista de Direito Mercantil, Industrial, Econômico e Financeiro*, v. 110, p. 7-15, abr./jun. 1998.

WARDE JÚNIOR, Walfrido Jorge; JUNQUEIRA NETO, Ruy de Mello. *Direito societário aplicado*: baseado nos precedentes das câmaras reservadas de direito empresarial do Tribunal de Justiça do Estado de São Paulo. São Paulo: Saraiva, 2014.

ZANINI, Carlos Klein. A doutrina dos *"fiduciary duties"* no direito norte americano e a tutela das sociedades e acionistas minoritários frente aos administradores das sociedades anônimas. *Revista de Direito Mercantil, Industrial, Econômico e Financeiro*, v. 109, p. 138-149, jan./mar. 1998.